면접 시크릿

최연소 VVIP 사무장 출신 김모란 교수와
현직 항공사 승무원 면접관 14인이 밝힌 채용 노하우

면접
시크릿
secret

김모란 지음

RHK
알에이치코리아

Chapter 2. **칼날 위의 승부, 면접 패스의 공식**

PART 2.
승무원 면접 실전 시크릿

Chapter 3. 면접, 이제 실전이다!

Chapter 4. **몰래 엿본 면접실황, "우리는 이런 사람을 원합니다"**

항공사 승무원 취업 전쟁을 앞둔 이들에게

당신은 지금 세상 한가운데 놓여 있다. 그 누구도 먼저 다가와 도와주지 않는다. 당신이 절박하고 절박한 만큼 노력해야 세상도 당신을 돕기 시작한다. 스스로 절박했으나 아직 원하는 것을 얻지 못했는가? 당신의 절박함이 아직 세상에 통하지 않았다는 뜻이다. 아니면 그 절박함이 엉뚱한 방법으로 기울어지지 않았는지 자가 진단할 필요가 있다. 원하는 직업은 절대 그냥 얻어지지 않는다.

항공사 승무원이 되기 위한 과정도 예외가 아니다. 내가 가르치는 학생들의 경우 항공사에 들어가기 위해 평균 1 대 120 정도의 경쟁을 뚫어야 한다. 영어는 기본이고 제2외국어를 준비해야 하고 서류심사를 통과한다고 해도 보통 2~3차례 진행되는 면접심사를 통과해야 한다. 이 과정을 통과하는 사람은 정말이지 극소수다.

면접을 통과하기 위해서 가장 필요한 것은 실력이다. 그리고 자신의 실력에 대한 굳건한 믿음이 있어야 한다. 그 믿음이 밝고 아름다운 미소, 즉 참한 인상을 만든다. 면접관의 어떤 질문 앞에서도 시종일관 그 미소를 잃지 말고 당당히 서 있어야 한다. 가장 좋은 방법은 자신이 아름다운 사람이 되는 것이다. 곧고 바른 성품, 희생과 봉사 정신이 있는 마음 따뜻한 사람이 되어야 밝고 아름다운 미소가 저절로 나오고, 그것이 면접관의 뇌리에 남는다. 이러한 마음이 없이 단순한 연습만으로는 역할이 쉽지 않다. 다른 직업과 다르게 업무의 특성상 항공사의 승무원은 그래야 하는 의무까지 주어진다.

그러기 위해 학과 공부 이외에도 손에 닿는 한 책을 읽고 단 한 줄이라도 감상을 적고 다시 한 번 생각해야 한다. 쉬는 시간에 접하게 되는 영화도 그냥 무심히 보지 말고 느껴야 하며 그 느낌을 남겨야 한다. 순간순간 성숙한 인간이 되기 위해 치열해야 한다. 경험도 다양해야 한다. 이런 사람, 저런 사람을 만나고 무리 속에서 자신의 포지션을 찾아 자신의 영역을 만드는 연습을 해야 한다. 그런 시간을 보내다 보면 24시간이 짧을 수밖에 없다. 아직 학생이라고 안주하지 말자. 치열하기에도 시간이 모자라다.

그걸 알기에 취업 준비생들은 한편으로 쉽게 흔들린다. 소문에 휘둘리고 인터넷에 떠도는 괴상한 정보에 귀가 솔깃해진다. 성공으로 이어주는 끈일 수도 있다는 생각 때문이다. "지원자의 얼굴을 고양이상과 강아지상으로 나눈다더라," "치아교정이나 성형수술이 필수라더라." 현장에서 학생과 함께하는 선생으로서 이런 '카더라' 판 술수에 학생들이 흔들린다는 점 십분 이해한다. 그것을 이해하지 못하면 누가 이해하겠는가. 하지만 이 시간 이후로 귀를 닫자.

떠도는 말 중 심지어 취업한 이들의 이야기도 믿을 게 못 된다. 왜냐하면 합격한 사람도 본인이 왜 합격했는지 자세히 알지 못하기 때문이다. 합격한 이유는 그 사람을 합격시킨 면접관 이외에는 절대 알 수 없다. 그러니 주변의 합격 수기 또한 100% 신뢰하지 말자. 항공사 면접관이 진짜 원하는 것은 따로 있다.

바로 이것이 이 책을 집필한 이유이다. 승무원 면접에 대해 사실 그대로를 전달해 주기 위함이다. 이것을 알아야 승무원이 될 수 있다. 출처도 없는 이야기에 현혹되어 사실을 거짓으로 혹은 거짓을 사실로 알고 있는 부분이 발생하지 않도록 해야 한다고 생각했다.

이 책은 국내의 7개 모든 항공사의 승무원 채용 면접관 혹은 CEO들과 직접 인터뷰한 내용과 본 저자가 교수를 하며 현장에서 느꼈던 것을 모두 아우른 이야기다. 물론 이것 또한 이 책을 보는 모든 이들에게 모든 정답을 제시해 줄 수는 없다. 그러나 취업 준비생이 접할 수 있는 이야기 중 가장 믿을 수 있다는 것을 알아주길 바란다.

당신의 생각만 가지고는 그들을 만족시키기 쉽지 않다. 적을 알아야 전쟁에서 이길 수 있듯이 면접관의 생각과 그들의 면접 의도를 알고 있어야 우리는 그에 맞추어 답변을 준비할 수 있다.

인터뷰를 통해 알게 된 중요하면서도 기본적인 원칙은 바로 면접은 단순 기술로 연마되는 것이 아닌 평소 생활이 훈련의 연장이어야 한다는 것이다. 훈련을 통해 내실을 탄탄히 쌓아야 면접장에서 승리할 수 있다. 외적 이미지뿐만이 아니라 내적 이미지를 형성하기 위한 마인드 컨트롤, 그렇게 쌓인 교양과 지식을 총망라하여 면접이라는 짧은 시간 안에 표출해야 한다.

다시 말하지만 정답은 없다. 다만 최대한 옳은 답을 찾으려고 노력하는 과정에서 당신만의 개성 있고 진심 어린 답변을 만들어 내는 것이다.

이 책이 나오기까지 도움을 준 각 항공사의 면접관님들께 다시 한 번 감사의 말씀을 전한다. 그분들 입장에서는 나의 잦은 인터뷰 요청에 귀찮을 수도, 의도 섞인 민감한 질문에 당황하셨을 것 같아 죄송하다. 본업에 있는 그들이 채용, 그것도 면접의 가이드 라인을 대중에게 공개하기란 쉽지 않았을 것이다. 하지만 그 결과 이 책이 승무원이 되고자 하는 지원자들에게 꿈과 희망과 용기를 주고 그들이 각 항공사의 귀한 인재가 되어 준다면, 나를 도와주신 그분들께 더 큰 뜻으로 은혜를 갚는 일이라고 생각한다.

또한 내게는 이 세상에서 가장 지혜로우며 현명한 우리 어머니에게 이 책을 바친다. 방학에도 집필로 인해 밤낮으로 바쁜 딸 때문에 남들처럼 같이 시간을 보내기는커녕 수험생 엄마처럼 노심초사하게 만든 점 지면을 통해 죄송하고도 고맙다고 꼭 말씀드리고 싶다.

마지막으로 내게 큰 버팀목이 되어주시는 RHK의 양원석 대표님께 감사의 마음을 전한다.

김모란

*본 글에서는 대한항공, 아시아나항공과 같은 Full Service Carrier는 대형 항공사로 칭하였고, 제주항공, 진에어, 티웨이항공, 이스타항공, 에어부산과 같은 Low Cost Carrier는 LCC 항공사로 칭하였다.

PART 1.

승무원 면접
전략 시크릿

Chapter 1

면접, 혼을 담아 시작하라

과거 16년간 승무원 생활을 했고 또 승무원을 교육하는 강사의 역할을 했던 이력이 있는 내가, 현재는 승무원을 양성하는 항공서비스과의 교수로 있으면서 평소에 승무원을 지망하는 많은 학생들에게 들려주고 싶었던 이야기를 시작하겠다. 때론 달콤한 이야기도 있겠지만 상당 부분 쓴소리가 될 것 같다. 양약고어구(良藥苦於口), 선생이란 자고로 약이 되는 소리를 해야 한다고 생각한다. 그래서 이 또한 나에게도 힘든 일이다. 그렇지만 이 책을 읽는 모든 독자가 모두 나의 제자라고 생각하며, 진솔하게 면접의 비법들을 공개하도록 하겠다. 여러분들이 해오고 있는 모든 노력, 그 결실이 아름답기를 바란다.

1. 나는 어떤 승무원이 되고 싶은가?

가장 먼저 꿈에 대한 이야기를 해 보자. 부모들은 어린 자녀에게 흔히 이런 말을 한다.

"애야, 너는 공부 열심히 해서 나중에 꼭 ○○가 되어라!"

'○○'은 대부분 판사, 검사, 의사, 변호사 등 '대단한 직업'이 대부분이다. 그 순간 아이들에겐 대단한 직업이 꿈이 된다. 즉, 대단한 것이 성공이라는 공식이 자연스럽게 연결되며 이런 부모들의 세뇌가 결국 자녀들의 꿈을 지배하게 된다. 사실 따지고 보면 어떤 일을 하는 사람인지, 그리고 그 일을 어떻게 하는 사람인지가 바로 그 사람의 사회적 위치이기도 하다. 한 나라를 쥐락펴락하는 자는 권력자이며 시장에서 생선을 파는 이는 행상이다. 그런 의미에서 부모의 말은 틀린 말은 아니다. 그러나 나는 직업만을 내세우는 것이 아닌, 그 업(業)을 받아들이는 마음가짐 혹은 가치관이 빠져 있는 것이 서글프다. 어떤 법관이 될지, 어떤 의사가 될지, 그리고 어떤 정치인이 될지를 고민하고 노력했다면 사회는 좀 더 밝게 변하지 않았을까.

해마다 승무원이 되겠다고 항공관련학과와 승무원 양성학원을 찾는 학생들이 늘고 있다. 대부분 승무원이 되고 싶다고 하지만 어떤 승무원이 되고 싶은지 생각하는 학생들은 별로 없다. 아름다운 청춘, 보고만

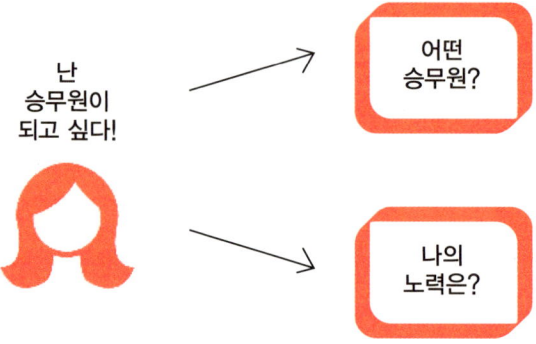

있어도 풋풋함이 주위로 번지는 그 생명력에, 직업을 마주하는 자세를 덧씌울 수만 있다면 좋겠다.

"여러분은 어떤 승무원이 되고 싶나요?"

이 물음에 명확히 답한 학생은 그리 많지 않다. 그저 '먼 미래이기 때문에 그런가?'라는 생각이 들기도 하지만 참으로 아쉬운 부분이다.

내 인생은 나만의 이야기, 나만의 대답으로 가득 들어차야 한다. 예를 들면, 왜 내 꿈이 승무원이며 승무원으로서 어떤 서비스를 펼칠 것인지에 대한 최소한의 고민이 있어야 한다. 마찬가지로 이에 대한 자기만의 답도 있어야 한다. 그런 연후 자신이 꿈꾸는 승무원이 되기 위해 어떤 노력을 해야 할지도 생각해 보는 것이다.

승무원이 되기 위한 모든 준비를 차근차근 시작했다 하더라도 어떤 승무원이 될지 생각해보지 않았다면 이미 뒤처지고 있는 것이다. 물론 젊기에 시간이 흐를수록 생각은 바뀔 수 있다. 자신이 원하는 승무원의 모습도 변할 것이다. 하지만 그런 변화와 발전도 모두 '어떤 승무원'이라는 물음 속에서 시작하는 것이다.

승무원을 꿈꾸는 그대, 어떤 승무원이 되고 싶은가?

2. 노력, 이럴 때 써먹자

학생들이 승무원이 되기 위해 노력하는 모습을 보면, 본인들의 꿈을 위해 앞만 보고 정진하는 열정이 부럽기도 하면서도, 때론 가슴 아프다. 본인이 넘어야 할 산 앞에서 주저하고 망설이고 있는 것을 볼 때면 마음이 쓰이는 것이다. 한고비만 넘기면 되는데 그 고비를 넘지 못하고 주저앉는 학생들, 수차례의 낙방으로 힘들어하는 학생들을 보면 내가 직접 뒤에서 처진 어깨를 번쩍 들어 올려주고 싶은 심정이다.

내가 가르친 학생 한 명을 소개하고자 한다. 이 친구는 어릴 적부터 중국에서 유학을 한 학생으로 중국어는 원어민처럼 유창하게 잘했지만 영어는 간신히 알파벳만 아는 수준이었다. 놀랍게도 중국에서 영어 수업을 받아 본 적이 없었다고 했다. 그래서인지 대학교 영어수업을 굉장히 어려워했으며, 단체로 치른 첫 토익 시험에서 그 흔한 신발사이즈 숫자보다도 한참 못한 점수가 나왔다. 나는 이 학생이 과연 학과과정을 따라갈 수 있을지 의문이었다. 영어수업이 많은 학과의 특성상 중도에 포기는 하지 않을까 매우 염려되었다. 또래의 친구들은 중학교도 들어가기 전부터 영어를 배운 학생이 대다수였으므로 그 간극을 그녀가 스스로 메울 수 있을 거라 감히 생각지 못했다.

그런데 불과 한 학기가 끝날 무렵, 그 학생이 받아 쥔 영어시험 점수에 놀라지 않을 수가 없었다. 당당한 A학점. 너무 깜짝 놀라 영어 담당 교수님께 여쭈어 보니 그 학생은 본문을 통째로 다 외워버렸다는 것이다. 그리고 1학년을 마칠 때 즈음, 토익 성적까지 남들을 앞서가기 시작했다. 그러더니 전체 학생 중 상위 10%에 들게 되었다. 정말로 놀라운 일이었다. 보고 듣고 확인하는 자리에 있으면서도 그 학생의 성취가 믿기지 않았다.

하지만 그 기적의 비밀은 거창하지 않았다. 그 학생은 항공사 승무원이 되는 것이 꿈이었고, 그 꿈을 이루기 위해서 영어 능력이 필요했을 뿐이다. 그저 승무원이 되기 위해 영어는 반드시 넘어야 하는 고개였고 당면한 현실을 회피할 생각이 없었던 것이다.

초등학교 때 배웠던 삼단논법이 문득 생각이 난다. "인간은 모두 죽는다. 소크라테스는 인간이다. 따라서 소크라테스는 죽는다."

마찬가지다. "승무원은 영어를 잘해야 한다. 나의 꿈은 승무원이다. 따라서 나는 영어를 잘하도록 열심히 공부해야 한다."

이보다 간단명료한 논리가 있을까? 목표한 것이 있다면 단순하고 명료하게 생각하자. 누군가는 도달하고 누군가는 도달하지 못하는 이유는 분명하다. 집중력의 차이다. 당신의 목표에 집중하고 시선을 흐트러뜨리지 말자.

3. 천직은 없다

많은 학생들과 이미 승무원이 된 친구들이 내게 와서 고민을 상담한다. 그중 가장 난해하고 답답한 질문이 이것이다.

"교수님, 제가 정말 승무원에 적합한 사람인지, 제가 앞으로도 이 일을 잘할 수 있는 사람인지 아직도 잘 모르겠어요. 그래서 다른 직업을 찾아봐야 하는 건지 판단이 잘 서지 않아요."

그토록 꿈꿔왔던 일이었지만 생각했던 것보다 더 큰 산들이 가로막고 있을 때 사람은 주춤하거나 물러서려는 경향이 있다. 이 세상에 천직(天職)이라는 게 존재하기는 할까? 타고난 본인의 직업이라는 게 있기는 한 걸까?

난 그렇지 않다고 생각한다. 얼마 전 인간의 운명을 잘 본다는 역학자가 TV 프로그램에 나와 했던 이야기가 기억에 남는다.

"손금도 변하고 사람의 관상도 변합니다. 결국 인생이란 부지런히 노력하고 개척하는 사람의 것입니다."

본인의 운명도 스스로 열심히 노력하면서 개척해 나가는 것이듯 직업도 태어나면서 운명처럼 정해진 것이 아니라, 본인이 스스로 노력하고 도전하면서 찾아가는 여정 속에서 발견되는 거라고 생각한다.

나는 승무원으로 항공사에 재직하면서 남보다 빠른 승진을 했다. VVIP 전용기 사무장, 객실 승무원 훈련강사, 서비스 매뉴얼 개정 작업 참여 등 일반 승무원과는 다른 많은 기회를 잡자 주변의 동료들과 지인들은 이렇게 말했다.

"김 사무장님은 승무원이 천직인가 봐요!"

또한 현재 대학 교수로 재직하면서 강의를 들은 학생이나 외부 강연에서 만난 청중들이 이런 인사치레를 건네기도 한다.

"교수님, 오늘 강의 정말 잘 들었어요. 교수님은 어쩜 그리 말씀도 재미있게 잘하세요? 정말 강의하시는 게 천직이신가 봐요."

그 말이 정말 감사했지만, 한편으로는 의구심이 들었다.

'정말?'

승무원으로 일할 때는 승무원이라는 옷이 내 옷이라 생각하고 열심히 그 옷에 내 몸을 맞추기 위하여 노력했고, 현재는 하고 있는 교수라는 옷이 나에게 잘 어울릴 수 있도록 노력한 것이 전부이다.

나라고 해서 내가 하는 일에 왜 불평불만이 없겠는가? 가끔은 나 또한 우울함에 빠져 슬럼프가 온다. 내가 지금 잘하고 있는 것인지 의문이 들기도 하고, 나보다 훨씬 잘하고 있는 선후배들을 보며 자괴감에 빠져들기도 한다. 그렇지만 흐린 날이 있으면 맑게 갠 날도 있듯이, 이 또한 지나가리라 하는 마음으로 덤덤하게 받아들이려 노력한다. 조금이라도 성장하는 내가 되기 위해 하루하루 기도하는 마음으로 노력하는 것이 결국 최상의 방법이다.

인생이 어떻게 수학처럼 정답이 딱 나올 수가 있겠는가? 그렇게 정답을 원하고자 하여 점쟁이를 찾아가도 그 점괘가 다 맞던가? 왜 우리는 종종 내가 내릴 결론을 다른 이에게 부탁할까? 당연히 힘들기 때문이다. 힘들고 괴로울 때는 누구나 그럴 수 있다. 하지만 언제나 그렇듯 결론은 하나다. 내 인생이니 내가 개척해 나가고, 또 그 결과물도 온전히 나의 것이다. 이건 흔들리지 않는 진리다. 그러니 우리, 조금만 더 강해지자.

4. 합격보다 더 먼 곳을 보라

내가 항공사에서 신입 승무원 훈련 강사로 있던 시절의 일이다. 한 반에 교육생이 30~40명가량 되었는데, 그중 한 훈련생이 나에게 다가와 질문을 했다.

"강사님, 제가 어제 강사님께 개인기록부를 제출했는데요. 현재 저랑 같이 사시는 아버지는 저의 새아버지이신데, 개인기록부 부모란에는 친아버지의 성함을 적었어요. 혹시라도 나중에 저희 엄마와 통화할 일이 생기신다면 그런 얘기는 안 해주셨으면 좋겠어요. 엄마가 서운해하실 수 있어서요."

"물론이지, 걱정하지 마. 내가 잘 기억하고 있을게. 어려운 얘기 해줘서 고마워."

남들이 보기에는 사소한 일이었을지도 모르지만 그 훈련생에게는 밤새 고민하다가 어렵게 꺼낸 말이었을 거라는 생각에 그 이후부터는 더 관심을 두고 보게 되었다.

그 훈련생은 안전 훈련과 서비스 훈련을 모두 잘 마치고 비행에 임했다. 당시 그 훈련생은 일반 인턴 승무원이 아니라 항공서비스 관련학과 대학생 실습생의 자격으로 비행하게 된 것이었는데, 안타깝게도 비행실습이 끝나고 인턴 승무원이 되지는 못하고 학교로 돌아갔다. (한때 일부 항공사에서는 방학 기간을 이용하여 현장실습생을 채용했는데, 승무원 업무에 필요한 기본적인 교육을 마치고 성수기 비행에 그들을 투입을 시켰다. 그리고 실습을 진행하는 동안 근무평가와 임원 면접을 치른 후 인턴 승무원으로 채용되기도 했다. 그러나 채용되지 못한 실습생들은 지급받았던 승무원 유니폼과 매뉴얼 등을 모두 회사에 반납하고 학교로 돌아갔다.)

강사의 시선으로 본 그 실습생은 성실하고 책임감이 강해 특별히 나무랄 데가 없었는데, 비행 근무 시 평가가 좋지 않았는지, 임원 면접에서 실수한 것인지 안타깝게 고배를 마셨다.

그 이후에도 그 학생은 공채 채용으로 같은 항공사의 면접을 수차례 보았지만, 번번이 떨어졌다.

"강사님, 이번에도 또 떨어졌어요. 아무래도 영어 공부를 좀 더 해야 할 것 같아요. 토익 점수도 너무 낮고, 회화도 잘 안 되거든요."

그 학생은 결국 해외로 어학연수를 떠났다. 기특하게도 이 친구는 한국에 돌아와서도 내게 먼저 연락을 해 주었고 우리의 인연은 계속 이어졌다.

"강사님, 저 이제 완벽하게 영어도 되니, 또 승무원 시험 도전해 보려고요. 이제는 되겠죠?"라며 자신감 넘쳐 했지만, 결과는 또 낙방이었다. 이젠 응원해 주던 나까지도 미안해지기 시작했다.

그런데 이 친구의 특이한 점은 대한항공 이외에는 절대 지원하지 않았다는 것이다. 내 생각에는 여러 항공사에 두루두루 지원하면 좋으련만, 고집을 피우고 대한항공만 지원했다.

"대한항공도 물론 좋은 회사지만, 너무 한 곳만 바라보지는 마. 너의 기회가 언제 어느 때 올지 모르는 일이잖니. 한우물만 파라는 얘기도 있지만 지금은 그런 시대가 아니야. 그러니까 이제 대한항공은 잠시 접어두고 타 항공사도 둘러보는 게 어떨까? 특히 너는 영어를 잘하니까 국내 항공사 말고 외국 항공사에 지원해 보는 것도 좋을 것 같아. 왜냐하면 외국 항공사 승무원 경험을 가지고 나중에 대한항공 경력 승무원으로도 다시 돌아올 수도 있거든. 신입 승무원보다 경력 승무원 채용 경쟁률이 훨씬 낮으니까 더 유리할 수도 있고…….. 한번 잘 생각해 봐."

결국 그 친구는 중동의 한 항공사 승무원으로 채용되었고, 특유의 부지런함과 책임감으로 경력을 쌓아나갔다. 종종 이메일로 연락이 왔고 스승의 날에는 잊지 않고 안부를 물어왔다. 그렇게 2년 정도 흘렀을까, 한국에서 드디어 경력직 승무원 채용공고가 났고 그 친구는 대한항공에 재도전했다. 결과는 합격이었다. 그녀는 지금 대한항공에서 앞서 나가는 신세대 리더로 자리매김하고 있다.

난 그 친구가 훈련생에서 나의 후배가 된 이후까지 10년 이상을 보아왔지만, 정말 존경스럽다. 수차례 좌절했을 것이고, 때로는 더 이상 도전할 용기가 나지 않았을 텐데 꾸준히 자기의 꿈과 소신을 지켜왔다는 것에 박수를 보내고 싶다. 물론 동기 현장실습생보다 늦게 입사를 했지만, 그 친구라면 그런 간극쯤은 쉽게 따라잡을 것이라 믿어 의심치 않는다.

우리나라 사람들은 단 1년, 아니 1주일만 늦어도 큰일나는 것처럼 구는 경향이 있다. 하지만 어떤 사람이 되느냐가 중요하지, 먼저 그 무엇이 되는 것은 중요하지 않다. 물론 목적지에 빨리 도달하는 것이 유리할 수는 있다. 하지만 그 차이가 인생의 차이는 아니다. 원하는 회사에 들어가는 것이 목표가 되어서는 안 된다. 입사한 이후에도 얼마나 회사에서 좋은 평가를 받으며 앞서 나가느냐가 관건이다. 길고 짧은 건 동일 선상에서 견주어 봐야 아는 것이다.

먼저 합격했다고 좋아할 것도, 또 불합격했다고 좌절할 것도 없다. 한눈팔지 말고 성실하게 목표를 향해 달려간다면 반드시 기회는 온다. 목표에 집중하는 사람은 반드시 그 기회를 잡을 수 있다. 중요한 것은 그 기회를 잡은 순간부터 어떻게 나아가느냐다. 바로 그때, 명확한 목표를 가지고 온 사람이 무작정 달려온 사람보다 더 유리해진다.

5. 7전 8기가 통할까?

이 책을 읽는 승무원 지원자들에게 꼭 전해주고 싶은 면접의 팁 중 하나는 절대 한 항공사에 여러 번 지원하지 말라는 것이다. 앞서 이야기한 학생의 경우, 당시만 해도 우리나라는 항공사가 많지 않았다. 대형 항공사 2곳만 있었을 뿐이다. 그럼에도 나는 당시 그 학생에게 국내 항공사 한 곳이 아닌 해외 항공사까지 알아보기를 추천했었다.

지금 달라진 것은 현재 우리나라에 2개의 대형 항공사와 5개의 저비용 항공사(LCC: Low Cost Carrier)가 있다는 것이다. 그리고 다양한 해외 항공사의 채용 공고도 심심치 않게 나고 있으니 항공사 승무원을 희망하는 지원자들에게는 선택지가 많아진 셈이다. 물론 전국에 약 70여 개에 달하는 대학교에 객실 승무원 관련 학과가 생겼으니 경쟁률은 여전히 치열하다.

그 외에 직업전문학교 및 사회교육원 과정까지 포함하면, 그 수는 100여 개를 넘어간다. 또한 사설 항공사 승무원 양성학원까지 합하면 거의 전국에 있는 모든 여대생들이 한 번쯤은 항공사 승무원의 꿈을 꾼다고 해도 과언이 아닐 정도다. 심지어 요즘 항공사에 입사하는 합격생들을 보면 해외에서 중고등학교 혹은 대학을 졸업하고 돌아온 실력 있는 유학파들도 꽤 된다. 항공사 승무원들은 뛰어난 외국어 실력만으로도 굉장한 장점이 될 수 있으니 해외에 있는 유학생들까지도 항공사 승무원 시험을 보기 위해 귀국하는 추세다.

이 정도로 항공사 승무원 시험은 경쟁이 치열하다. 국내 대형 항공사인 대한항공의 경우, 100명을 뽑는다고 가정했을 때 지원하겠다고 몰려드는 인원은 1만2천여 명에 이른다. 최근 한 LCC 항공사에서도 신입 승무원 25명을 채용하는데 4천2백여 명의 지원자가 몰려 168대 1의 높은 경쟁률을 보였다는 신문기사를 본 적이 있다.

실제 항공사 면접을 본 경험이 있는 사람들이라면, 면접관들이 자신이 들어오는 모습만 보고 열심히 컴퓨터 자판에 무언가를 입력하기 시작하거나 메모를 하기 시작하는 모습을 본 적이 있을 것이다. 면접자들은 면접관들이 실제로 본인들을 자세히 보지 않는다고 생각할지도 모른다. 면접 중에 잘 살펴보면 면접관이 면접자의 대답을 유심히 듣고, 바로 호응하기보다는 면접자에게 질문한 후 면접자가 대답하는 동안 무엇인가 계속 입력을 하는 모습을 볼 수 있었을 것이다.

면접자들은 궁금해한다. '도대체 무엇을 저렇게 열심히 입력하는 것일까?' 그것은 바로 점수 입력과 면접 피드백을 입력하는 것이다. 예를 들어 '표정이 차가움', '웃는 모습이 밝지 않음', '너무 약해 보임' 등등 면접자를 보고 첫인상을 평가하여 적는 것이다. 그것이 바로 면접의 탈락과 합격의 근거가 된다. 또한 대부분의 항공사는 그 지원 횟수 또한 기록에 남는다. (다행히도 그 정보가 다른 항공사와 공유되는 것은 아니니 그 점은 걱정하지 않아도 된다.)

일부 항공사의 경우 마스터 권한이 있는 면접관은 지난번 면접의 피드백 내용을 볼 수 있다. 그리고 그 외에 면접관들에게 선입견을 줄 수 있어 공정한 면접에 저해될 수 있기 때문에 볼 수 없게 되어 있다. 그러나 면접관들의 시선은 서로 크게 다르지 않다. 떨어진 이유가 있다면, 분명 다음 면접관들도 같은 이유를 찾게 될 가능성이 크다.

내 주위에 있는 수많은 승무원 후배들에게 물어봐도 7전 8기, 즉 시험에 일곱 번 떨어지고 여덟 번째 합격했다는 사람은 찾아보기 힘들다. 한 항공사에 세 번 정도 낙방했다면, 그 이상은 추천하지 않는다. 단 A 항공사를 보고 낙방하여 B 항공사를 보고, 낙방하여 C 항공사를 보고, 낙방하여 D 항공사를 보는 것은 전혀 문제가 되지 않는다.

한 대형 항공사 면접관의 이야기를 들어보자.

"우리 회사 면접에서 일고여덟 번 낙방한 친구를 제 손으로 뽑는다는 건 부담이 따르죠. 왜냐하면 그전 면접관들이 그 사람을 떨어뜨린 분명한 이유가 있을 텐데, 제가 그 사람을 뽑는다면, 그동안 채용하지 않았던 이유를 정확하게 반박할 기준과 이유를 찾아서 평가서의 피드백 란에 입력을 해야 하거든요. 그러기에는 좀 부담이 있잖아요. 그러니 조심스럽죠."

국내 일곱 개 항공사 면접관의 인터뷰 결과 이전 면접 기록이 남는 항공사도 있고 남지 않은 항공사도 있었다. 그러나 모든 면접관들이 말하는 내용은 비교적 일치했다.

"몇 번 왔느냐가 중요하지는 않아요. 수차례 낙방했지만 그전과는 확연히 다르게 변해서 오는 경우도 간혹 있거든요. 그리고 오히려 지원자가 이렇게 말하는 경우도 있었어요.

○ ○ ○ 면접관님, 솔직히 저는 이번이 ○○항공 면접만 세 번째입니다. 지난 1년 동안 ○○항공의 탈락의 고배를 마신 것이 처음에는 억울하기도 하고 탈락의 이유를 몰라 답답하기도 했지만, 마음을 다잡고 저 자신을 돌아보니 많은 문제점을 발견할 수 있었습니다.

그래서 그동안 틀어진 제 자세를 바로잡기 위해 오자 다리였던 저의 단점을 병원에 다니며 교정하여 고쳐 왔습니다. 또한 ○○항공의 준비된 인재가 되기 위하여 외국어 공부와 기업에 대한 공부도 게을리하지 않았습니다. 그 결과 토익 성적도 200점이나 올랐고, 중국어 HSK 5급 자격증도 취득했습니다.

저를 ○○항공의 승무원으로 뽑아주신다면, 제가 절실히 원하고 준비한 만큼 그 누구보다도 더 열정적으로 일하며 ○○항공이 더 발전할 수 있도록 보탬이 되는 직원이 되겠습니다.

이렇게 아예 탈락한 전적이 있다고 솔직하게 말하고 본인이 그전보다 발전되어 온 노력의 증거도 보여주고 앞으로 더 열심히 발전하겠다고 하면 뽑아줄 마음이 생기죠. 우리 회사를 들어오기 위해 한 노력이 무척 가상하고 예쁘잖아요."

여기서 말한 '수차례'는 대략 다섯 차례 미만일 경우다. 여섯 번이 넘어가면 서로에게 부담스럽다. 그 이하라면 몇 번 탈락했는지가 중요한 게 아니라, 입사하고자 하는 항공사에 대한 절실함을 보여주는 것이 가장 중요하다. 그리고 탈락했던 그 과거와 지금을 비교해서 무엇이 특별히 발전되어 왔는지, 그동안 어떤 노력을 해서 왔는지, 그 과정과 결과가 있어야 전화위복시킬 수 있다.

그 결과 "저렇게 괜찮은데 우리가 왜 떨어뜨렸지?"라는 반응이 나올 수 있다면 더없이 좋을 것이다.

6. 뒤늦게 꿈을 찾은 그대에게

꿈을 쉽게 찾을 수 있다면, 혹은 누군가 알려주는 대로 따르기만 해도 된다면 젊은 날의 고민이 조금은 덜어질 수 있을 텐데 현실은 그렇지 않다. 내가 어떤 사람인지, 어떤 일을 할 수 있는지를 찾는 것은 참으로 힘든 일이다.

실제 항공사 지원자를 보면 대학 졸업 예정자와 순수 취업 준비생, 그리고 이미 다른 회사에 취업했음에도 불구하고 항공사로 이직을 원하는 이까지 세 가지 경우로 나뉘게 된다. 그리고 의외로 세 번째에 해당하는 사람도 꽤 많다.

그리고 승무원 나이 제한이 없어진 이후 더 많은 사람들이 승무원 채용에 관심을 가지고 있다. 실제로 나에게 승무원 시험에 관해 묻는 일반 직장인들도 많은데, 그들의 걱정은 '나이 제한이 없어졌다고 해서 나이 많은 나를 과연 뽑아줄까?'이다. 결과부터 말하겠다. 뽑는다.

내가 대한항공 신입 승무원 강사를 하던 시절의 일이다. 경력이 아닌 신입 채용이었음에도 불구하고 나이 서른인 유부녀가 합격한 적이 있었다. 담당 강사를 하면서 개별 면담을 할 기회가 있어 이런저런 얘기를 나누게 되었는데, 그녀는 고등학교 시절 부모님과 담임 선생님의 권유로 대학과 전공을 결정했고, 대학을 졸업한 후에도 교수님께서 추천해 주신 직장에 들어갔다고 한다. 돌이켜보니 자신의 인생에서 본인 스스로가 진정 원해서 한 일이 없다고 했다. 그래서 뒤늦게 '내 꿈을 지금이라도 찾아볼까?', '나는 무엇을 하면 행복할까?'를 생각했다고 한다. 그래서 내린 결론이 '항공사 승무원'이었다.

그러나 주변에서 반대가 심했다. '나이가 많은데 누가 널 뽑아주겠냐', '미혼도 아니고 결혼까지 한 유부녀를 뽑아주겠냐', '괜한 헛수고 하지 말라'가 주된 의견이었다. 그럼에도 불구하고 혼자 면접 준비를 열심히 해서 결국 합격의 기쁨을 맛보았다.

"강사님, 저 진짜 열심히 할 거예요. 지켜봐 주세요. 어렵게 찾은 제 꿈인데 소중하게 잘 지켜나가고 싶어요."

그 이후 그녀는 자신의 말처럼 좋은 성적으로 신입 훈련을 마치고 비행도 열정적으로 하는 모습을 보였다.

　어렸을 적 엄마가 늘 하던 말씀이 있었다.

　"공부에는 다 때가 있다! 엄마가 하라고 할 때 해라!"

　이 세상에서 내가 가장 존경하고, 가장 지혜롭고 현명하다고 믿는 우리 엄마이지만, 나는 이 말만은 동의할 수 없다.

　때가 있다면 그건 바로 본인이 스스로 필요하다고 느낄 때라고 생각한다. 항공사 승무원이라는 꿈이 꼭 중고등학교 때 생기라는 법이 어디에 있는가? 다른 사람보다 늦게 꿈이 생기기도 할 텐데 그럼 도전조차 할 수 없다는 말인가? 그런 생각은 버리길 바란다.

　그런데 이렇게 다른 직장의 경험이 있는 경우, 혹은 다른 신입 직원들과 나이 차이가 많이 나는 경우 면접관들이 어떻게 볼지에 관해 많이 궁금할 것 같아 이에 대한 한 면접관이 실제로 우려했던 말을 전한다.

　"신입다운 맛이 없기는 해요. 그런데 나이가 문제가 되는 게 아니라 그 사람의 태도가 문제가 되는 것이죠. 아무래도 어린 사람들보다는 여유가 있어 보이고 어른스러워 보이긴 하는데, 그 모습이 자칫 거만함으로 이어지기도 해요. 어떤 지원자는 면접관에게 가르치는 말투로 말하기도 한다니까요. 그러니 나이가 많으니 다른 신입 직원들하고 융합이 잘 될지도 걱정이 되고, 비행에 투입된다 하더라도 기존의 나이 어린 선배들과 함께 우리 조직에 잘 섞일 수 있을까가 걱정되죠. 학교에서도 그렇잖아요? 군대 다녀온 복학생 선배들은 왠지 어른인 척하고 거들먹거리는 경우가 많잖아요. 회사에서도 마찬가지예요."

　면접관들의 의중이 이렇다고 하니, 꿈을 늦게 찾은 당신이라면 어떤 준비를 해야 할지 감이 올 것이다. 면접 시 면접관들의 우려가 말끔히 해소되도록 해야 하고 당신의 열정을 20대 초반 못지않게 보여줘야 한다. 아마도 면접에서 이런 질문을 받게 될지 모른다. "대학 졸업하신 지 꽤 오래되셨네요? 지금도 직장을 잘 다니고 계시는데, 왜 갑자기 승무원이 되고자 하시는 거죠?"

이렇게 대답이면 좋을 듯하다.

○○○ 면접관님, 이력서를 보시면 아시겠지만 제가 이제 곧 서른이 됩니다. 그런데 서른을 앞에 두고 제 인생을 돌아보니, 단 한 번도 제 의사에 따라 무엇인가를 결정한 것이 없다는 걸 깨달았습니다. 학교 다닐 때는 모범생으로 부모님과 선생님의 말씀에 잘 따랐고, 그래서 부모님과 교수님께서 추천해 주신 직장에도 아무 탈 없이 잘 다니고 있습니다. 그런데 더 나이가 들기 전에 진정 내가 하고 싶은 일이 무엇인지, 그리고 평생 제가 행복한 일이 무엇인지 찾고 싶었습니다. 처음에는 승무원이라는 직업이 저와는 먼 직업이라 생각했습니다. 그런데 직장을 다니면서도 주변 사람들에게 '참 승무원스럽다'라는 말을 많이 들어왔습니다. 워낙 잘 웃고, 모르는 사람들에게도 친절하게 잘 대해 주고 낯을 잘 안 가리는 저의 성격을 보고 그렇게 말씀해주시는 것 같습니다. 제가 비록 나이는 다른 지원자들보다 많을지는 모르지만, 항상 배우는 자세로 밑바닥에서부터 시작하는 각오로 임하며 나이 어린 동료와 선배님과도 잘 협력하고 보필하겠습니다.

어느 때고 당신의 간절함을 드러내자. 간절함의 온도가 뜨거울수록 상대의 감성이 열리기 쉽고 면접 결과도 긍정적일 가능성이 크다.

7. 내가 스토리의 주인공이 되는 법

성공한 인물, 그중에서도 어려운 환경을 딛고 일어선 이들의 스토리는 예나 지금이나 여러 매체의 단골소재다. 장애를 딛고 명문대학에 입학한 이야기, 눈물겨운 투병생활을 견디고 완쾌한 이야기, 쓰러져가는 기업을 인수하여 잘 나가는 기업으로 재탄생 시킨 CEO 이야기, 불우했던 가정사를 이겨내고 본인의 노력으로 성공을 이룬 이야기 등은 흔하지 않기에 감동을 준다. 사람들은 본인이 가지지 못한 열정이 있는 이러한 이야기의 주인공에게 매력을 느끼고 부러워한다. 누구나 그런 삶을 살고 싶다는 열망이 있기 때문이다.

사람은 누구나 단점이 있다. 단점이 있기에 인간이다. 완벽한 사람은 없다. 그러나 바로 자신의 부족함을 이겨내고자 하는 열망이 있기에 그 모습이 아름답게 보이고 때로는 부러운 것이다.

여러분도 마찬가지다. 단점을 그냥 놔두면 그것은 본인의 아킬레스건이 되지만 본인의 부족함을 이겨나가고 채우려고 노력한다면 그 행동과 과정 자체만으로도 당신은 남다른 스토리를 지닌 사람으로 돋보일 수 있다.

유복한 가정에서 태어나 영어유치원을 다니고 외국어고등학교를 졸업한 후 해외로 유학을 떠나 영어는 기본인 학생이 있다. 반면, 어려운 집안 형편으로 사교육 한 번 받아보지 못했으나 본인 스스로가 영어에 흥미를 느껴 미국 드라마와 팝송을 들으며 영어를 익힌 순수 국내파 학생이 있다. 당신이라면 누구에게 더 매력을 느끼겠는가?

현재의 내가 남보다 부족하다고 생각하는가? 그렇다면 그것을 통해 나만의 성공스토리를 만들어 보는 것이 어떨까. 금수저를 물고 태어난 사람보다 빈손으로 태어나 아무도 알아주지 않는 돌에서 다이아몬드가 되어 빛나는 사람이 더 매력 있다. 면접장에서도 마찬가지다. 본인이 부족한 부분을 솔직하게 말하고, 이를 극복하기 위하여 본인이 그동안 어떠한 노력을 기울여 왔는지 적극적으로 어필할 필요가 있다. 다만 그 노력이 얼마나 진실된 것인지, 또한 그 과정에서 어떤 성취가 있었는지 설명할 수 있으면 더욱 좋겠다.

8. 이력서는 나만의 표현으로 진실하게

면접 전에는 회사마다 수천수만 장의 이력서가 도착한다. 나도 궁금했다. 도대체 그 많은 이력서를 어떻게 다 보는지. 아니 정말 그 많은 이력서를 보기는 하는지.

조사 결과 대형 항공사에서부터 LCC 항공사까지 이력서를 대충 보는 곳은 단 한 곳도 없었다. 심지어 인사부 직원들은 며칠씩 밤을 새워가며 개별적으로 확인하고, 사무실의 큰 프로젝터 화면에 이력서를 한 장씩 띄워놓고 같이 보기도 한다. 국내 한 대형 항공사 인사팀 직원의 이야기를 빌리면 다음과 같다.

"이력서를 보다 보면, 정말 어이없는 상황이 많이 발생하죠. 수천 명 중 수백 명은 이력서 사진 속의 머리 모양과 의상이 똑같아요. 모두 포토샵으로 수정한 거라고 할 수 있습니다. 그렇게 수정된 사진은 얼굴도 조작되었을 가능성이 매우 크다고 보죠. 그리고 상당수의 이력서가 내용이 똑같은 경우도 있어요. 같은 학원에 다닌 건지 같은 스터디 모임 출신인지는 모르겠지만, 내용부터 문구까지 똑같은 것을 발견할 때마다 안타깝습니다. 저희는 엄청난 양의 이력서를 보아왔기 때문에 첫 문장을 읽는 순간 감이 오기도 합니다. 이게 인터넷에 도는 뻔한 이야기를 베긴 건지, 본인의 진솔한 얘기인지 말이죠. 특히 '우리나라를 대표하고 ○○항공을 대표하는 민간 외교관이 되겠습니다', '○○항공의 비타민 같은 승무원이 되겠습니다' 등의 식상한 문구는 정말 쓰지 않았으면 좋겠어요. 본인을 표현하고자 한다면, 본인이 직접 만든 문장으로 표현해야죠."

지원서에는 본인이 어떻게 살아왔는지, 대학 생활 동안 어떤 활동을 해 왔는지, 본인의 인생관 등을 성의 있게 정성껏 표현해야 한다. 다른 사람들과 공유한 답변이 아닌, 본인만의 진심이 묻어 나와야 한다. 거기에 더해 창의적인 표현력이 있다면 더할 나위 없겠다.

진실함은 면접을 볼 기회를 제공한다. 진실함은 진정성이 드러나면서 개성으로 부각되기 때문이다. 또한 면접이란 이력서를 토대로 질문하게 되어 있다. 그 외의 질문을 할 수도 있으나 면접관 입장에서는 대부분 본인이 제출한 이력서의 내용을 확인하고 덧붙여 궁금한 사항을 묻게 되는 것이다.

면접관의 이야기를 들어보자.

"제가 몇 해 전부터 마라톤에 미쳐 있거든요. 국내 마라톤 대회뿐만 아니라 해외에서 하는 마라톤까지 출전할 정도이니까요. 그런데 어떤 여성 지원자가 특기를 마라톤이라고 썼더라고요. 솔직히 반가웠고 더 관심이 갔습니다. 사실은 그전까지 면접이 좀 지루하기도 했는데 마라톤이라는 세 글자를 보니 기분까지 좋아지더군요. 그래서 제가 그분께 마라톤 풀코스를 주파한 기록이 얼마였는지 물었습니다. 그랬더니 세계 신기록보다도 더 빠른 시간을 대더라고요. 혹시 내 이야기를 제대로 못 들었나 해서 '풀코스 기록을 물었습니다.'라고 재차 확인했습니다. 그러나 대답은 같았습니다. 그때 그 배신감이란……."

그 지원자는 특기를 마라톤으로 쓰지만 않았어도 합격할 수 있었을지도 모른다. 거짓말은 언제든 최악의 상황을 만든다.

간혹 면접자에게 이런 질문을 하곤 한다.

"우리 회사를 들어오기 위해 어떤 노력을 하셨나요?"

"네, 저는 ○○항공의 승무원이 되기 위해 어학 실력을 늘리려고 많은 노력을 했습니다. 외국인 승객들을 만나더라도 언제든지 대화로 소통을 하기 위함입니다."

이 대답이 끝나자마자 면접관은 이력서의 어학 점수를 찾아본다.

"우리 회사는 영어권 노선보다는 일본과 중국 등의 노선이 많은데, 정작 본인은 제2외국어 실력은 없으시네요? 그런데 어떻게 외국인 승객과 언제든지 대화로 소통할 수 있다는 말이죠?"

거짓도 여러 종류가 있다. 없는 사실을 만드는 것도 거짓이고 있는 사실을 부풀리는 것도 거짓이라고 생각한다. 거짓은 때론 본인에게 독이 되는 부메랑이 되어 돌아올지도 모르니 언제나 진솔하고 솔직한 답변으로 본인을 표현하도록 하자.

이력서는 입사 시에만 활용되는 것이 아니라 퇴사하는 순간까지도 회사에서 보관한다. 며칠 만에 생각나는 대로, 기분 내키는 대로 쓸 수 있는 간단한 것이 아니다. 평소에도 꾸준히 준비하고 꼬리 질문도 예상하여 작성해야 한다. 이력서는 바로 자신을 드러내는 첫 얼굴이라는 것을 잊어서는 안 된다.

9. 면접 노트 만들기

제자 중 이런 학생이 있었다. 이 학생은 해외 어학연수도 다녀오고 해외에서 일자리도 얻어서 직장을 다닌 적도 있었다. 당연히 영어회화에 전혀 무리가 없고 토익 성적도 우월했다. 얼굴도 예쁘고 몸매도 날씬해 나무랄 곳이 없는 학생이었다. 그런데 한 가지 흠이 있다면 면접 노트를 쓰지 않는 것이었다. 수업 시간에도 다른 학생들은 면접 노트를 다 준비해 오고, 자기 생각을 정리해서 연습해 오는데도 불구하고 이 학생은 항상 빈손이었다. 그래서 물었다.

"넌 왜 면접 노트에 준비를 안 해 오니?"

"교수님, 저는 미리 준비해 온 답변을 외워서 하려면 그게 더 어려워요. 그냥 생각나는 대로 말하는 게 더 편해요."

미안한 말이지만 절대 그렇지 않다. 설혹 자신이 생각하기에 그 방법이 편하다고 해도 요행은 언제나 반복되지 않는다. 그저 핑계일 뿐이다.

취업 준비생들은 면접을 위해 예상 질문과 모범답안을 준비하곤 한다. 인터넷 검색창에도 '○○기업 면접 기출문제'라고 입력하면 무수히 많은 연관 검색어가 쏟아져 나온다. 적어도 한 기업에 입사하기 위해 누구나 그 정도는 검색하고 정리할 것이다. 그렇다면, 이제는 그 예상 질문으로 당신만의 비밀병기 '면접 노트'를 만들어 보자.

우선 항공사별로 폴더를 따로 만들어 정리한다. 다시 말해 승무원을 준비하는 학생이라면 같은 질문이라도 A 항공사에서 면접을 볼 때의 대답과 B 항공사에서 면접을 볼 때의 대답이 달라야 한다. 그 기업의 인재상, 비전, 임무, 기업목표, 강령, CEO의 생각 등이 다르므로 이것을 반영하여 맞춤형 답변을 완성해야 하기 때문이다.

그 기업과 기업주에 대한 완벽한 이해는 기본이며, 위와 관련된 사항에 대해서는 각 회사별로 완벽하게 외우고 있어야 한다. 이러한 정보는 각 기업의 홈페이지에서 충분히 찾을 수 있으며 최근의 신문기사, 항공사 웹진 등에 등장한 해당사 기사를 스크랩해두면 많은 도움이 된다. 예를 들어 그 기업주 혹은 CEO가 쓴 저서가 있다면 기본적으로 읽고 나와의 연결고리를 찾아야 한다. 그리고 신문기사의 스크랩 또한 시험을 치르는 최근의 기사뿐만이 아니라 적어도 1년 이상의 신문기사들까지도 꼼꼼히 읽고 숙지해야 한다. 단기간에 얼렁뚱땅 준비한 것이 아니라 오랫동안 공을 들여 해당 기업 입사를 준비했다는 차별성을 지닐 수 있다. 또한 준비한 답변을 할 때는 주요 사건이 일어난 날짜와 신문사까지 정확하게 말하는 것이 좋다. 그래서 이렇게 다양한 그 기업에 대한 정보를 자신과 연결하면 내가 그 기업의 준비된 인재라는 인상을 면접관에게 심어줄 수 있다.

요즘 항공사 지원자들은 마음속으로 정한 하나의 항공사만을 바라보고 승무원 채용 시험을 보는 사람은 드물다. 주어진 기회가 많아진 만큼 군이 그럴 필요도 없다. 여러 항공사의 채용시험에 두루두루 원서를 넣어보고 우선 들어가는 것을 목적으로 하는 것이 좋다. 다소 일편단심 같은 낭만이 없는 생각일지 모르지만 아시다시피 취업은 전쟁터다.

그러나 간과하지 말아야 할 것은 면접관의 마음이다. 지원자가 다른 회사가 아닌 우리 회사만 바라보고 승무원의 꿈을 키우고, 우리 회사만을 위해 승무원 시험을 준비해 왔기를 바란다. 따라서 지원자는 면접시간 동안에는 '난 다른 회사는 필요 없어요! 이 회사의 승무원이 진심으로 되고 싶어 이 자리에 왔습니다!'라는 인상을 주어야 한다. 그러므로 해당 항공사에 대한 여러 정보를 섭렵하고 활용할 줄 알아야 한다.

항공사에서 단골로 나오는 질문 중 하나는 취항지에 관련된 질문이다. 이 질문을 하는 이유는 본 항공사에 관해 얼마나 알고 왔는지 묻고 싶어서이다.

"우리 항공사 취항지 중에 혹시 꼭 가보고 싶은 곳이 있나요?"라는 질문을 받았다고 가정해 보자. 이런 질문의 경우에는 취항지에 대한 사전 정보가 있어야 답변에 활용할 수 있는데, 취항지에 대한 정보는 항공사 홈페이지에 접속해보면 무궁무진하게 수록되어 있다. 재미있게 습득하는 방법 중 하나는 항공사 홈페이지에 '지난 CF모음'에 가면 항공사에서 추천하는 취항지를 스토리로 묶어놓았기 때문에 더 활용하기가 쉽다. 다음은 아시아나항공의 답변 예시다.

○○○ 저는 태국을 꼭 한번 가보고 싶습니다. 제가 승무원 시험 준비를 하면서 슬럼프를 겪었던 시기가 있었습니다. '과연 내가 될 수 있을까?'라는 마음에 자신감이 점점 떨어졌을 때였는데, 우연히 TV에서 아시아나항공 광고를 보게 되었습니다. 그것은 바로 2014년도에 태국을 배경으로 한 CF인 'FLY TO 우리 엄마' 편이었는데, 광고 속에서 이런 문구가 나옵니다. '20년 만에 우리 엄마 손을 다시 잡았다.' 그 문구를 보자마자 울컥 눈물이 쏟아져 나왔습니다. 저희 엄마는 넉넉하지 않은 살림 속에서 저희 삼 남매를 키우시느라 안 해 보신 부업이 없을 정도로 지금까지 쉼 없이 열심히 살아오고 계십니다. 그럼에도 불구하고, 엄마의 거친 손을 저는 잡아드린 기억이 없습니다. 엄마가 고생하시는 걸 어쩌면 당연히 여기고 있었던 못된 딸이었던 거 같습니다. 그래서 그 CF를 보고, '저의 꿈인 아시아나항공 승무원이 되어 엄마 손을 잡고 해외여행도 가는 효도하는 착한 딸이 되어야겠다.'라는 결심을 하게 되었고, 이 자리까지 오게 되었습니다. 저는 그래서 오늘 이 면접을 성공적으로 마치고, 아시아나항공 승무원이 되어, 꼭 엄마 손을 잡고 태국으로 효도여행을 다녀오고 싶습니다. 또한 아시아나항공의 승무원으로서 고객 한 분 한 분을 다 저희 어머니라는 마음가짐으로 효도하는 마음으로 모시도록 하겠습니다.

또한 신문기사나 취항지 소개 글이 나오는 웹진을 활용하는 방법도 있다. 다음은 티웨이항공의 예시다.

○ ○ ○ 티웨이항공은 2015년 5월 기준으로 중국, 일본, 대만, 태국, 라오스 이렇게 5개국의 13개 노선에 정기취항하고 있습니다. 얼마 전에 인터넷 뉴스에서 부정기노선으로 운항하던 라오스의 비엔티안 노선이 2015년 3월 4일부터 정기 노선으로 전환된다는 기사를 보았습니다. 〈뉴욕타임스〉에서 일생 동안 꼭 가봐야 할 여행지 1위로 선정된 '치유의 나라'로 불리는 비엔티안에 저도 꼭 가보고 싶다는 생각이 들었습니다. 또한 제가 티웨이항공의 승무원이 되어 힐링의 여행지로 고객님들을 모셔다드릴 수 있다면 더할 나위 없이 행복할 것 같습니다. 더 나아가 티웨이항공의 고객분들이 그 어떤 노선을 타신다 하여도 힐링될 수 있도록 항상 기쁨과 웃음을 주는 승무원이 되겠습니다.

이처럼 정확한 날짜를 포함하여 정확한 항공사의 정보를 이미 알고 있음을 면접관에게 보여줌으로써 그동안 해당 회사에 대한 관심이 높았다는 것을 증명할 수 있다.

면접 노트에 답변을 적을 때는 되도록 길게 작성해도 무방하다. 왜냐하면, 어차피 면접장에 들어서면 긴장한 탓에 당신은 자신이 쓴 글임에도 다 외워 답하지 못한다. 그중 50%만 말하고 나와도 성공한 답변이다. 즉, 면접 노트에 쓰기는 쓰되 한 글자도 빠짐없이 외우려고 하지는 말아야 한다. 무수히 반복하고 연습하여 당신의 머릿속에 입력하고, 대화하듯 답변하는 것이 자연스럽다.

10. 힘을 빼라

운동을 처음 배울 때는 온몸이 경직되고 힘이 들어간다. 실력을 향상시키는 관건은 힘을 빼 몸을 자연스럽고 유연하게 만드는 것이다. 예를 들어 골프라는 운동은 힘 빼는 데 3년이 걸린다고 한다. 그만큼 머리로는 충분히 인지해도 공만 앞에 있으면 힘이 들어간다. 이것은 다른 구기 종목인 야구나 축구도 마찬가지다. 공을 치는 원리는 힘이 아니라 온몸의 조직과 근육을 적절히 이용한 메커니즘이다.

면접도 마찬가지이다. 힘을 빼야 한다. 잘못 이해하면 이렇게 생각할 수 있다.

"힘을 빼라고요? 그냥 되는 대로 자연스럽게 말하면 되는 건가요? 그럼 연습할 필요도 없겠네요. 그냥 생각나는 대로 말하면 되는 거 아닌가요?"

오해 말길. 힘을 뺀다는 것은 충분한 힘을 가지고 있으나 이를 유연하게 활용한다는 뜻이다. 불필요한 힘을 버린 상태, 그만큼 준비된 상태를 의미한다. 힘을 뺀다는 건 힘을 주는 것보다 훨씬 더 어려운 일이다. 경직된 몸에 힘을 빼고 머릿속의 생각들을 정리하여 자연스럽게 말할 수 있을 정도가 되려면 오랜 수련의 시간이 필요하다.

요리에 비유해보자. 요즘 TV에서는 일명 '먹방'이 크게 유행을 하고 있어 우리나라의 최고의 요리사들이 TV에 나와 갖가지 음식을 많이 선보이고 있다. 이 요리사들이 요리하는 모습을 보면 절대 설탕 10g, 간장 2g, 참기름 1.5g, 고춧가루 1mg 등 양념의 양을 개량하여 만들지 않는다. "간장 요 정도, 참기름 조금, 고춧가루도 적당량 넣으시면 됩니다."라고 말한다. 양념을 수치로 계량화해서 말하지 않지만 그 맛은 기가 막히다.

그 요리사들이 그 맛을 내기 위해 도대체 몇 번의 실패와 반복되는 연습을 했을까. 최고의 맛을 내기 위해 이 재료도 넣어보고 저 재료도 넣어보고, 양념의 양도 줄이기도 했다가 늘리기도 하는 등 별의별 시도를 다 해 보았을 것이다. 면접도 마찬가지이다.

물론 외워서 토씨 하나 틀리지 않게 말하려면 당연히 어렵다. 우리는 로봇이 아니기에 글자 하나의 오차도 없이 다 외울 수는 없다. 그렇지만 수십 번, 수백 번 연습하다 보면 머리에 전체적인 내용이 그려지고 자연스럽게 이야기를 풀어나갈 수 있는 단계까지 이를 수 있다. 그러기 위해선 우선 앞에서 말한 면접 노트를 통해 준비하고 외워야 한다. 머릿속에 내용이 완벽하게 입력이 되어 있어야 어디서든 그 재료를 가지고 대응할 수 있다.

같은 질문의 답이라고 할지라도 이런저런 스토리텔링을 다 응용해 보고 답변을 만들어 연습해야 한다. 충분하게 연습이 되고 준비가 되어 있어야 비로소 힘이 빠지게 되는 것이다.

11. 면접은 미팅이다

면접은 일반 기업의 경우 단 한 차례만으로 끝나기도 하지만, 항공사 승무원 채용에서는 2~3차까지 면접이 진행된다. 이러한 심층면접을 통해 면접관은 해당 지원자를 회사에 들일지 말지 판가름을 낸다. 즉 면접은 최후의 관문이다. 특히 항공사의 면접은 타사의 면접보다 훨씬 차지하는 비중이 높다. 사람을 응대하는 직업이기 때문이다.

면접을 앞둔 사람들은 대부분 두려움을 느끼기 마련이다. 처음 보는 사람 앞에서 그들의 질문에 답변한다는 자체가 부담이고 자신이 어떻게 답하느냐에 따라 성패가 달렸기 때문에 말에 대한 두려움이 앞설 수밖에 없다.

두려움은 무지에서 온다. 모르기 때문에 어렵고 두려운 것이다. 면접이 무엇인지, 어떤 원리로 진행되는 것인지 이해하게 된다면 적어도 두려움은 해소할 수 있다. 지피지기백전불패(知彼知己百戰不殆)라는 말이 있다. 전장에 나가기 전에 무기에 기름을 칠해 정비하듯이, 면접장에 나가기 전에 면접에 관련된 사항을 잘 파악하고 준비하게 된다면 취업이라는 대사 앞에 당당해질 수 있다.

면접은 자기 표현력이 드러나는 시험이다. 전혀 엉뚱한 상황에 그야말로 허를 찌르는 질문이 들어올 수도 있다. 어떤 질문이나 상황에서도 자기 생각을 뚜렷하게 말할 수 있어야 한다. 그런데 지원자들의 문제는 대부분 준비된 질문에만 답을 하고 예상하지 못한 질문에는 입이 굳어버린다는 것이다.

다른 직종이 아닌 승무원이기에 더욱 그래서는 안 된다. 객실 승무원은 여러 가지 상황에서도 유연하게 승객을 대할 줄 알아야 하기 때문이다. 승무원은 승객들 앞에서 유쾌하고 명확하게, 그리고 상대방이 기분 상하지 않도록 자기표현을 할 줄 알아야 한다.

면접을 너무 어렵게 생각하지 말자. 면접은 학창시절 대부분 겪는 소개팅이나 단체미팅과도 비슷한 점이 많다. 만약 미팅 경험이 없다고 하더라도 마음에 두고 있는 이성 앞에서 말을 걸 때 어떠한가? 어떻게 해서든 상대방의 마음을 사로잡기 위해 나를 최대한 어필하지 않는가? 심지어 소개팅하러 가기 전날에는 인터넷을 통해 요즘 유행하는 유머나 유행어를 연습해 나가기도 하고, 상대방의 취미나 관심사가 무엇인지 미리 알아내어 공감대가 형성될 수 있도록 대화를 이끌어 가지 않던가.

면접관을 당신의 소개팅 상대라고 생각하자. 유쾌한 분위기를 만들고 상대방의 질문에 관해 당신의 생각을 자연스럽게 대답하면 되는 것이다. 여기서 가장 중요한 사항은 단순히 본인이 하고 싶은 이야기를 하는 것이 아니라, 상대방이 듣고 싶은 이야기를 해야 한다는 것이다.

12. 긴장감을 다스리는 법

대한항공을 포함한 몇몇 항공사(아시아나항공, 티웨이항공, 에어부산)는 입사 전 수영 테스트를 한다. 그 이유는 해상에서 비상사태가 발생했을 경우 본인만이 아니라 승객의 안전까지 책임져야 하기 때문이다. 따라서 수영은 반드시 해야 하는 필수과정이다. 그래서 승무원 시험을 준비하는 학생들 중 수영강습을 받는 학생들을 꽤 많이 볼 수 있다. 그런데 간혹 이렇게 말하는 학생들이 있다.

"교수님, 저는 어렸을 적부터 물을 정말 무서워해서요. 수영을 못하는데 어쩌죠?"

뭘 어쩌는가. 그건 그냥 해야 한다. 이유 불문이다.

비행을 처음 시작하던 20대 초반 시절, 캐나다 스키 리조트로 여행을 간 적이 있었다. 낮에는 실컷 스키를 타고, 저녁에는 자쿠지라고 하는 야외 온천에서 몸을 녹이곤 했다. 온천이다 보니 수심은 얕아서 성인이 일어서면 허리 정도밖에 되지 않았다. 하루는 한 캐나다 남성이 탕에 들어와 내 건너편에 앉았다. (수영복을 입고 남녀가 함께 탕을 즐길 수 있는 시스템이다.) 그리고 탕 밖에는 그의 아내가 한두 살 정도밖에 되지 않은 아기를 안고 있었는데 갑자기 아내가 그 아기를 탕 안으로 거의 집어 던지다시피 하는 것이었다. 나는 그 엄마가 아기를 물에 던지고는 태연하게 이렇게 외치는 것을 보고 더욱 놀랄 수밖에 없었다.

"Swim(헤엄쳐)!"

아기 아빠가 그 탕 안에 있으니 만약에 사태에 대비할 수 있는 상황이었다. 처음에는 그 아기가 물속에서 허우적대더니, 이내 안정을 찾고 손짓 발짓을 하며 아빠의 품 안으로 슬슬 가기 시작했다. 정말 수영을 하기 시작한 것이다. 나는 그 당시 충격을 잊지 못한다.

나도 어렸을 적 물을 꽤 무서워하던 아이였다. 그래서 결국 승무원 시험을 보기 위해 개인교습을 급하게 받아서 겨우겨우 테스트를 통과했다. 처음이 어렵지 수영에 익숙해지자 취미로 즐길 정도가 됐다. 무섭다고 피하는 것은 하책 중 하책이다.

그 캐나다인 부부의 교육법이 좋은 방법인지 아닌지는 판단할 수 없다. 그러나 내가 분명히 말할 수 있는 것은 두려움에 자신을 내던지고 발버둥 치다 보면 언젠가는 극복된다는 것이다. 인간이란 존재가 그만큼 강하다. 자신만 모를 뿐이다.

나는 수업시간에 학생들에게 많은 질문을 하고 답을 구한다. 학생들에게 질문을 많이 하는 이유는 그 학생들의 지적인 정도를 파악하기 위해서이기도 하지만 학생들이 많은 사람들 앞에서 본인의 목소리를 내보고 생각을 정리해서 말할 수 있는 연습을 시키기 위해서다. 그런 연습이 모두 면접 실습이라 생각한다.

면접 준비라는 것은 앞에서도 말했지만 평소에 꾸준히 생활 속에서 연습하는 방법이 최고다. 그렇게 수업시간의 발표나 혹은 동아리 활동을 통해 내 목소리가 남들 앞에서 어떤 크기로 전달이 되는지, 그리고 의미가 잘 전달되는지 끊임없이 테스트해 보아야 한다. 물론 쉽지 않다.

나는 초등학교 6학년 때 딱 한 번 반장을 해 보고 대학을 졸업할 때까지 단 한 번도 감투라는 것을 써본 적이 없었고, 남들 앞에 나서는 사람도 아니었다. 승무원이 되어서도 마찬가지였다. 비행하기 전에는 비행정보를 객실 승무원과 운항 승무원들이 같이 나누며 그날의 비행을 효율적으로 진행하기 위해 협의하는 브리핑을 하는데, 이때 사무장은 승무원들에게 돌아가면서 발언권을 준다. 내 순서가 오기 전부터 손바

닥에는 땀이 차기 시작하고, 가슴에서 들리는 쿵쿵 소리는 뇌까지 울릴 정도였다. 얼굴은 목까지 빨개졌고, 늘 친하게 지내는 팀원들 얼굴도 못 쳐다볼 정도였다. 대신 비행정보가 가득한 노트만 쳐다볼 뿐이었다.

내가 그런 사람이었다. 그런 내가 수백 명 앞에서 청중을 웃기고 때로는 울리는 강의를 하는 사람이 되었다. 상황이 닥치니 죽어라 연습을 해온 것이 다였다. 그것이 나를 변화시켰다. 지금도 나는 수업을 위해, 그리고 특강을 위해 끊임없이 연습한다. 연습하지 않으면 머릿속에서 정리가 되지 않고 그러면 남들 앞에 나설 수 없다. 그래서 나는 늘 강의안을 A4용지에 빼곡히 정리한다. 그리고 장소를 마다치 않고 혼자 있을 때면 언제든 중얼거리며 연습한다.

때론 지하철에서 미친 사람으로 오해를 받지만 그러든지 말든지. 신경 쓸 필요가 있을까. 나는 천재가 아니고 배짱 좋은 사람도 못 된다. 연습만이 살길이다. 그런데 시간은 계속 가고 있으니 지금이 아니면 내가 노력할 수 있는 시간도 그만큼 줄어든다. 그러므로 죽기 살기로 연습해야 조금이라도 완벽에 가까워질 수 있었다.

천재가 아닌 이상, 평범한 사람은 자신이 항상 부족함을 느낀다. 그렇기에 조금이라도 앞서려면 자신을 끊임없이 재촉하고 몰아세워야 한다. 그러다 보면 자기자신을 더 잘 알게 되고 알면 알수록 여유도 생긴다.

면접은 기(氣) 싸움이다. 밀리면 끝장이다. 주눅이 들기 시작하면 얼굴의 미소는 사라지고 목소리가 다급해지며 자세도 부들부들 떨리게 된다. 그러니 연습, 연습해야 한다.

13. 말투와 버릇이 승패를 가른다

면접을 마치고 돌아온 한 제자가 한 말이다.

"교수님, 저 면접에서 면접관에게 대답 잘했다고 칭찬받았어요."

그 학생은 기뻐서 잔뜩 들떠 있었다.

"뭘 그리 잘했어?"

나도 덩달아 흥분했다.

"그냥 교수님께서 가르쳐 주신대로만 했죠. 근데 교수님, 제가 봐도 저랑 같이 들어간 학생들이 너무 못하더라고요."

"뭘 어떻게 하든?"

"'그래가지구요, 이랬는데요' 같은 어투도 쓰고 초등학생같이 음의 고저가 너무 심하던데요."

제자의 말만으로도 면접장의 모습이 눈에 선했다. 면접관이 무엇을 물었을까? 흔한 질문을 예로 들어 보자.

"취미가 뭡니까?"

"제가 원래는 자전거 타는 것이 취미였는데요, 제가 얼마 전에 자전 거를 타다가 교통사고가 나서요, 요즘은 등산으로 취미를 바꿨어요. 등 산도 건강에 매우 좋고 체력을 키우기 좋은 운동이니 앞으로 열심히 해 보려고요. 승무원 하려면 체력을 키워야 한다고 하는데, 딱 맞는 운 동인 거 같아요."

믿지 못할 상황이라고 생각하는 사람도 있겠지만, 실제로 항공사 승 무원 면접에서 이런 지원자가 꽤 있다. 사적인 자리라면 애교스러운 말투라고도 볼 수도 있겠으나, 면접이라는 공적인 자리에서 '~데요, ~고요, ~같아요' 등과 같은 어미는 어울리지 않는다. 또한 습관적으로 '저, 아, 어, 음, 그래가지고, 그러니깐' 등을 대답 중간에 반복적으로 사용하는 것도 아주 좋지 않은 습관이다.

이런 말투는 본인이 잘 인지하지 못할 수 있다. 그러기에 자신의 목소리를 녹음하고 반복 청취해야 한다. 자신의 목소리를 들을 때는 그 어느 때보다 냉정해져야 한다. 그래야 자신의 잘못된 습관을 정확히 잡아낼 수 있다.

또한 학생들이 자주 하는 실수 중 하나가 바로 멘붕(멘탈붕괴), 알바(아르바이트), 서탈(서류탈락)과 같은 은어나 인터넷 신조어를 면접 시 은연중에 내뱉는 것이다.

"제가 지난해 ○○항공 승무원 채용에서 서탈을 하는 바람에, 완전 멘붕이 왔습니다. 하지만 지난 일 년 동안 알바로 열심히 돈을 모아 영어학원과 중국어학원을 다니며 스펙을 쌓는 데 집중했습니다."

역할을 바꿔서 자신이 면접관이 되어 앞의 문장을 면접장에서 들었다고 생각해 보라. 그 응시생에게 합격과 불합격 중 어떤 것을 주겠는가.

음의 고저도 잘못된 경우가 많다. 주로 많이 하는 실수는 바로 문장의 끝, 단락의 끝을 올리는 경우이다. 음의 고저를 적합하게 사용할 수 있으면 이는 대단한 무기가 될 수 있다. 같은 문장이라도 의미의 전달이 더 확실히 될 수 있고 표현에 생동감이 붙는다. 이 역시 자신의 소리를 녹음해 두어야 하는 이유다. 스스로 자신이 없다면 면접 스터디그룹을 만들어 친구들과 질의응답을 많이 해보는 것도 좋은 방법이다.

자신만의 면접 노트를 만들고 자신의 목소리를 항상 녹음해서 듣고 더불어 스터디그룹을 통해 더욱 단련하면 면접관의 이목을 집중시킬 수 있다. 면접관들은 면접자들이 면접실에 들어오는 순간 이미지 체크를 시작한다. 면접자의 특징, 이미지, 탈락점수를 주는 이유, 합격점을 주는 이유 등을 분주하게 고개 숙여 메모하거나 해당 프로그램에 곧바로 입력한다.

최근 면접시험을 치른 이들의 소감으로 "면접관님이 계속 뭔가를 적기만 하시고 저를 쳐다보지도 않으시더라고요."라는 말을 많이 들었다. 당신은 고개 숙인 면접관의 얼굴을 들게 만들어야 한다. 어떻게 하면 될까? 바로 좋은 음성을 들려주는 것이다. 고개 숙여 무언가를 작성하다가도 생각지도 못했던 좋은 목소리가 들리면 자연스럽게 고개를 들 수밖에 없다.

사람은 말할 때 스스로 그 소리를 들을 수 있지만, 상대방이 듣는 음성과는 차이가 있다고 한다. 자신의 목소리를 자신이 듣게 될 경우에는 두개골 내에서 약간의 울림을 거친 후 듣게 되기 때문에 남에게 들리는 음성보다 약간 다르게 들린다고 한다. 그래서 녹음이 필요하다. 나 또한 처음 내 목소리를 녹음해서 듣고 녹음기가 고장 난 줄 알았다. 내 목소리가 그렇게 고음인지 몰랐기 때문이다.

대부분 승무원 면접 시 목소리의 톤은 높은 것이 좋다는 인식이 있는데, 꼭 그렇지는 않다. 톤이 높은 목소리는 명랑한 이미지를 주지만 자칫 가벼워 보일 수 있으며, 낮은 목소리는 무겁게 느껴지지만 신뢰감을 줄 수 있다. 그렇기에 이를 적절히 가미하여 음계 중 '솔' 정도에 맞추면 적절할 것이다.

그리고 띄어 읽기도 매우 중요하다. 많은 지원자들이 본인이 외운 내용을 빨리 대답하고 싶은 마음에 머릿속에 외워둔 것을 쏟아내듯 빠르게 내뱉는 경우가 있다. 말이 급할수록 상대방의 이해도도 떨어지며 성격이 급해 보인다. 차라리 급한 것보다 느긋한 것이 좋다. 글을 쓴다는 생각으로 자기 생각을 정리해가며 상대방을 이해시켜야 한다. 하지만 여유도 없이 내뱉어 버리니 면접관이 때때로 이런 조언까지 해 준다.

"숨 쉬면서 말하세요!"

승무원은 표현력이 좋아야 한다. 다른 사람의 말을 공감해 주고 문제를 해결해 주는 일을 하는 사람이니 타인에게 신뢰감을 주는 부드러운 목소리, 정확한 발음, 풍부한 성량, 센스 있는 말솜씨가 필요하다. 평소에도 상대방과 대화를 할 때 상대방이 잘 알아들을 수 있도록 부드러운 톤으로 또박또박 말하는 훈련을 해야 한다. 책을 읽거나 본인의 면접 노트를 수시로 소리 내어 읽으면서 자신에게 어울리는 가장 편안한 목소리 톤을 스스로 찾고 밝은 음성을 내기 위한 노력을 기울여보자.

14. 인상이 인성이다

한번은 지인의 조카가 국내의 한 항공사 승무원 채용에 지원했었다. 그 조카의 사진을 본 적이 있는데 정말 놀랄 정도의 눈부신 외모를 지니고 있었다. 어지간한 연예인과는 비할 바가 아니었다. 학벌도 좋고 외국에서 교환학생으로 1년 이상 거주한 경험도 있었으며, 제2외국어까지도 완벽하게 구사하는 능력자였다. 그런데 뜻밖에도 임원 면접에서 낙방했다. 본인은 물론이고 가족들, 지인들까지 모두 어리둥절했다. 지인은 자신의 조카가 떨어진 이유에 관해 알고 싶다고 했다. 다행히 그 조카를 면접했던 면접관이 잘 아는 선배여서 그 이유를 알 수 있었다.

'외모는 좋으나, 웃는 얼굴이 밝지 않음.'

난 이 이야기를 가감 없이 지인에게 전했다. 그런데 바로 고개를 끄덕이며 수긍하는 것이 아닌가.

"왜 그래? 원래 조카가 별로 안 웃어?"

"그게 아니라 사실은 그 면접 보기 이틀 전날에 어렸을 적부터 키우던 강아지가 있었는데 병으로 죽었거든. 그래서 울고불고 난리가 났나 봐. 내 조카가 외동딸이어서 그 강아지를 마치 자기 동생처럼 아꼈거든……."

안타까운 마음이 들었다. 마음이 우울하니 웃어도 밝지 않았을 것이다. 결국 그 조카는 마음을 추스르고 몇 달 후 다른 항공사 승무원 채용에 합격했다.

또 다른 사례를 하나 더 소개하자면, 이 학생은 늦둥이 막내딸이었다. 얼굴도 예쁘고 신체 조건도 탁월해서 내가 늘 '부모님께 감사해야 한다'라고 말하던 학생이었다. 이 학생의 흠을 굳이 들추자면 지극히 개인주의적인 성향을 가지고 있었다는 점이다. 쉽게 표현하자면 '철딱서니 없는 막내딸'이었다. 뭐든 자기 마음에 들지 않으면 금세 얼굴이 굳어지고, 입을 닫아 버리기 일쑤였다. 그래서 인간관계에서는 좋은 점수를 줄 수 없었다. 그래도 팔은 안으로 굽는다고 내가 맡은 제자이니 추천서를 써 주어 항공사 면접을 보게 했다.

가능성은 커 보였다. 탁월한 외모에 다른 준비도 잘 되어 있었다. 그러나 최종 임원 면접에서 낙방했다.

"이사님, ○○○ 학생이 최종면접에서 떨어졌네요. 외모도 괜찮고 답변 연습도 열심히 잘해서 보냈는데 무슨 이유로 떨어진 건지 실례가 안 되신다면 여쭈어 봐도 될까요?"

"김 교수님이 얼마나 학생들을 훈련시켰는지 그 학생 정말 답변은 끝내주게 하더군요. 그런데 한 가지, 끝까지 마음에 걸리는 게 있었어요."

"그게 뭔데요?"

"표정이요. 그 친구 표정이 계속 마음에 걸리더라고요."

단호한 그 말에 나 자신이 너무나 부끄러워졌다.

"그 친구 인상을 보니 밝지도 않고 말투도 좀 얌체 같더군요. 몸에 밴 태도도 거만해 보이고요. 일을 시켜도 결국 팀플레이를 잘할 타입으로는 보이지 않았어요."

다시 말하지만 면접관은 전문가다. 단시간에 상대를 정확하게 꿰뚫어 보는 능력이 있다. 사실 그랬다. 그녀가 '나 같이 예쁜 사람이 안 되면 누가 승무원이 되겠어?'라는 오만한 생각을 하는 아이란 것을 말이다.

일반인들의 승무원 채용에 관한 가장 큰 오해가 바로 '승무원은 예쁘면 된다'라는 생각일 것이다. 이것은 오해다. 예쁜 얼굴보다는 좋은 인상과 인성이 훨씬 더 중요하다.

인상(人相)이란 '사람의 얼굴 생김새를 보고 점치는 일'이라고 한다.

즉, 사람의 얼굴 생김생김을 보고 그 사람이 어떠한 성향을 가지고 어떠한 마음가짐을 가지고 사는 사람인지 예상 가능한 것이라 볼 수 있다. 그래서 인상으로 그 사람의 인성을 파악하는 것이다. 결국 면접은 그 사람의 인상을 보고 인성을 점치는 일이다. 그럼 이런 질문이 나올 수도 있겠다.

"얼굴이 예뻐지려면 성형수술을 하면 된다 하더라도 인상을 좋게 만들려면 뭘 어떻게 준비하고 노력해야 하죠?"

스릴러물 영화를 보면 인상이 좋은 사람이 알고 보면 연쇄살인범이나 범인으로 등장한다. 사람들이 좋아하는 반전 있는 영화다. 현실에서 반전은 흔치 않다. 더구나 인상에서는 더욱 그렇다. 인상은 곧 사람의 진심, 마음의 상태가 그대로 얼굴에 투영되는 것이다. 그러므로 그 사람의 마음가짐이 올바르고 선하지 않다면 결코 상대방에게 좋은 인상을 줄 수 없다.

인상이란 결코 단시간에 만들어지지 않는다. 평소의 바른 생각, 긍정적인 생각이 좋은 인상을 만들어 준다. 이러한 사소하고 작은 습관들이 당신의 인상을 만들고 당신의 인생을 바꾸기도 한다.

그럼 왜 항공사 승무원의 조건으로 좋은 인상을 지닌 사람을 선호하는 것일까? 그 이유는 바로 승무원은 고객, 즉 사람을 상대하는 일을 하기 때문이다. 조각같이 날카로운 인상보다는 내가 원하는 것을 말하면 다 들어 줄 것만 같은 포근하고 부드러운 인상의 소유자가 우선이다. 고객은 열 시간이 넘는 긴 비행시간 동안 자기의 생명을 오롯이 맡길 수 있고, 편안하게 서비스를 받을 수 있는 사람을 원한다. 따라서 회사도 그런 사람이 최우선일 수밖에 없다.

오늘부터 좋은 인상을 지니기 위해 연습하자. 이것은 특별하게 시간을 내어 연습하는 것이 아니다. 부드러운 말씨를 쓰고, '안 된다, 싫다, 짜증 난다, 불쾌하다'라는 부정적인 생각보다는 '된다, 좋다, 즐겁다, 행복하다, 감사하다'와 같은 희망적이고 긍정적인 생각으로 얼굴에 미소를 짓자. 아침에 잠자리에서 일어나는 순간부터 잠드는 그 순간까지 얼굴에서 미소를 지우지 말자. 아름다운 얼굴은 주름조차도 아름답다.

15. 절실함이 모든 조건을 앞선다

"우는 놈 떡 하나 더 준다!"

우리나라 속담은 참 기가 막히다. 어쩜 저렇게 딱 맞는 말들이 많은지. 비슷한 말이 성경에도 있다.

"두드려라. 그러면 열릴 것이다."

내 직장이 항공사에서 대학으로 바뀌면서, 내 주변은 승무원에서 승무원이 되고자 하는 사람들로 바뀌었다. 수년간 그들과 만나며 이런 생각이 들었다.

'하고 싶은 마음은 있는데 그만큼의 노력은 하지 않는다.'

'남의 성공을 부러워하지만, 정작 본인은 그만큼의 노력을 하지 않는다.'

나는 내 모든 제자를 사랑하고 아끼지만, 유난히 더 정이 가고 도와

주고 싶은 제자가 있다. 그건 외모순도 아니고 성적순도 아니다. 열정의 차이다. 이 자리에 있으면 학생들의 노력과 열정의 차이가 보인다.

본인이 부족한 부분을 알고 그것을 채우기 위해 더 노력하고 끝까지 매달려 보는 의지가 있는 친구들은 생각보다 흔치 않다. 악착같이 밀어붙이고 될 때까지 노력하기보다는 조금 노력하다가 힘들면 포기하고 본인이 안 되는 이유를 찾아 수긍해 버리고 만다.

"교수님, 저 그냥 승무원 포기하려고요. 생각해보니 저보다 예쁜 친구들이 너무 많은 거 같아서요."

"교수님, 저 승무원 준비 안 할까 봐요. 토익 점수도 좋지 않은데 언제 제가 공부해서 그 점수를 따겠어요?"

말문이 막힐 뿐이다. 구더기 무서워 장 못 담그는 것과 무엇이 다를까? 예쁜 친구가 너무 많아 안 될 것 같고, 영어 성적이 나빠 안 될 것 같고, 그렇다고 영어 공부를 열심히 할 자신도 없고, 이것저것 핑계만 대다가는 그 어떤 것도 성취할 수 없다.

승무원이 되어서도 마찬가지이다. 많은 지원자들은 승무원 시험에 합격하기만 하면 끝이라고 생각한다. 그러나 절대 그렇지 않다. 승무원 시험에 합격한 이후 입사 교육을 약 석 달 동안 정말 혹독하게 받게 된다. 하루하루가 아마 지옥 같을지도 모른다. 엄하고 무서운 교관(또는 강사)들이 눈을 부릅뜨고 훈련생을 지도하고 이틀에 한 번꼴로 테스트가 진행된다. 이 테스트에서 일정한 점수 이상을 받지 못하면 그대로 집으로 돌아간다. 바로 입사 취소다. 본인 이름이 새겨진 이름표와 승무원 유니폼을 받는 순간 목표에 도달했다고 생각하지만 착각이다. 현실은 언제나 녹록지 않다.

　실제로 각 항공사 신입 훈련 기간에 집으로 돌아가는 인원은 훈련마다 거의 매번 발생한다. 나 또한 항공사 재직 시절 신입 승무원 훈련을 담당한 적이 있었는데, 이러한 점이 정말 이해되지 않았다. 죽기 살기로 항공사 승무원 시험에 합격해 놓고, 입사 교육 중 본인의 노력이 부족하여 중도 탈락을 하다니!

　교육이 끝난 후에도 마찬가지이다. 밤샘 근무, 팀원들 간의 불화, 육체적인 피로, 스트레스 등으로 회사를 그만둔다. 뽑아주기만 하면 월급을 받지 않고서라도 일을 하겠다던 그 열정은 다 어디로 간 것일까? 합격만 시켜주면 항공사를 먹여 살리겠다던 그 충성은 어디로 간 것일까?

　항공사 승무원은 일반 사무직 채용보다 채용 횟수가 훨씬 많다. 적게는 연 2회에서 연 8~9회까지 뽑는 경우도 있다. 지원하는 사람들에게는 기회가 많아서 좋을 수도 있겠다. 그런데 한 번이라도 왜 '승무원'이라는 직업군만 채용이 많은지 생각해 본 적 있는가. 그만큼 많이 그만두기 때문이다.

　승무원을 운영·관리하는 회사 임원들의 공통적인 고민이 바로 이 '사직자'들이다. 이번 책을 준비하면서 국내 모든 항공사의 면접관들과 임원들, CEO를 만났는데 단 한 명의 열외 없이 토로하는 고민은 바로 사직자에 관한 것이었다.

　"요즘 신입 직원들은 교육 중에 힘들다고 나가고, 겨우 훈련이 끝나고 비행을 시작하면 이번에는 비행이 힘들다고 나가고……. 정말 어떻게 해야할지 모르겠어요."

"뽑아만 주면 잘한다더니 그건 면접시험을 통과하기 위한 말뿐이었나 봐요."

면접관들의 이 발언 속에서 우리는 면접관이 좋아할 인재에 대한 중요한 단서를 한 가지 찾을 수 있다. 바로 '직업에 대한 간절함이 있고 끈기 있게 일할 수 있는 인재'다.

일단 면접에서 직업에 대한 절실함이 보여야 한다. 그리고 지금 이 자리에서만 그런 것이 아니라 실제 직원이 되어서도 이 직업이 당신에게 얼마나 소중한 의미가 될 것인지, 그리고 당신이 그 소중한 것을 어떻게 가꾸고 발전시킬 것인지에 대한 구체적인 계획과 목표가 있어야 한다.

당신이 왜 이 직업을 원하는지, 당신이 앞으로 어떤 승무원이 될 것인지, 그리고 그것을 얼마나 열망하고 있는지 표현하라. 그러면 면접관의 마음도 열릴 것이다.

16. 압박면접을 견뎌라

국내 일곱 개의 항공사 면접관들과 인터뷰를 하던 중 가장 황당한 대답을 들었던 순간이 있다.

"이제까지 면접을 보면서 당황스러웠던 면접자가 있으신가요?"

"네, 있지요. 면접을 보면서 면접관을 째려보고 면접에 대한 불만을 면접관들 앞에서 마구 쏟아내더라고요."

"에이, 설마요. 그런 사람이 어디 있어요?"

"그렇죠? 상상도 안 가시지요? 그런데 그런 일이 있다니까요."

나로서는 감히 상상도 하지 못할 일이다. 다른 직업도 아닌 친절과 배려가 몸에 배어 있어야 하는 객실 승무원이라는 직업을 선택한 사람이 할 태도는 더욱 아니다. 물론 면접을 보면서 면접관으로부터 기분 좋지 않은 말을 들을 수도 있다. 일명 '압박면접'에서는 상상하지 못한 기분 나쁜 질문을 받을 수도 있다. 지금 생각해 보면 우스운 일이지만 내가 항공사에 들어갈 때만 해도 국내 항공사 수가 두 개뿐이다 보니 더욱 그런 일이 많았다. 면접관이 그 자리에서 면접자를 혼내는 경우도 있었다. 지금은 항공사가 몇 배가 되다 보니 다소 그런 분위기는 누그러졌지만 그래도 압박면접의 수위는 간혹 상상을 넘어서는 경우가 있다.

하지만 흔히 말하는 '진상 손님'만 하랴. 승무원이 되면 운항 중에 터무니없는 행동을 하는 고객도 있고 예의라고는 찾아볼 수 없는 육두문자를 쓰며 욕설을 하는 고객도 있다. 그러기에 항공사의 면접은 강도가 높을 수밖에 없다. 이 모든 걸 감안하고 면접장에 들어가야 한다. 어떤 질문에도 화를 내지 않고 미소를 잃지 말아야 한다.

"지원자에게 제일 배신감을 느낄 때는, 면접이 끝나 전체 인사를 하고 돌아서서 나가는데 표정이 싹 바뀌는 사람이에요. 저희 앞에서는 얼굴이 터질듯 웃더니 돌아서서 무표정으로 변해버리면 '저 사람은 나중에 승객 앞에서도 저럴 사람이겠구나.'라는 생각이 들어요. 또 간혹 면접을 보면서 기분 나쁜 소리를 면접관에게 들었을 때 혹은 본인이 대답해 놓고 마음에 들지 않았을 때 표정이 일그러지는 지원자들이 있어요. 이 또한 점수를 깎아 먹는 행동이죠."

어쩌면 본인도 모르게 무의식적으로 표정이 변할 수도 있다. 그러므로 평소 연습을 할 때 본인의 말하는 모습을 휴대폰 카메라나 동영상으로 찍어 실수했을 때 표정이 어떻게 변하는지 찬찬히 보아야 한다. 간혹 면접을 보면서 자포자기 심정이 되는 지원자들도 있다. 본인이 대답해 놓고 점수를 깎아먹었다고 미리 판단하기 때문이다. 평상심을 유지하는 것은 참으로 힘든 일이지만, 할 수만 있다면 대단한 사람이 될 수 있다.

'테트리스'라는 게임이 있다. 나의 학창시절에는 오락실에서 하던 게임 중 가장 인기가 있었는데 나도 꽤 즐겼다. 화면 상단에서 내려오는 갖가지 도형들을 좌우로 움직이고 회전시켜 빈틈없이 한 줄을 채우면 그 줄이 눈앞에서 바로 사라진다. 그런데 한 줄에 있는 도형에 한 칸이라도 빈틈이 생기면 줄은 없어지지 않고 차곡차곡 쌓여만 간다. 결국 화면의 최상단까지 없애지 못한 도형들이 채워지면 그 게임은 끝난다.

테트리스는 잠시라도 긴장을 놓치면 가로의 한 줄을 맞출 틈도 없이 순식간에 판이 끝나고 만다. 도형이 화면 상단까지 차오르다가 두 줄 정도 남게 되면 '아, 이제 끝났군!'이라고 미리 포기하고 만다. 어지간해서는 다시 노력하려는 생각이 들지 않는 것이다. 서둘러 이번 게임을 끝내고 새로운 게임을 시작하려는 마음뿐이다. 그런 내 모습을 보던 게임의 고수인 친오빠가 내게 이렇게 충고했다.

"야, 끝까지 포기하지 마. 두 줄 남았어도 살아날 기회는 있어. 끝까지 정신 차리고 집중해!"

그 말을 듣고 좀 더 집중했다. 살아남기 위해 다시 최선을 다하기 시작한 것이다. 물론 최선을 다한다고 처한 상황을 모두 이겨나갈 수는 없었다. 하지만 판이 다시 살아난 경우가 더러 있었고 그 단순했던 게임이 더욱 재미있어졌다.

도박에서는 '포커페이스'라는 것이 있다. 자기가 받은 패가 좋은지 나쁜지 절대 상대방에게 티 내지 않는 것이다. 허영만 선생의 《타짜》를 보면 이를 '탈(얼굴)'이 좋다고도 한다. 고수는 본인의 감정 상태를 절대 들키지 않아야 한다. 승무원의 업무도 그런 부분이 있다. 본인의 감정을 절대 그대로 타인에게 전달해서는 안 된다. 집에 우환이 있더라도, 남자친구와 싸웠어도, 설사 몸이 아프더라도 절대 고객 앞에서 티를 내서는 안 된다. 우리 항공사의 노하우와 안전을 믿고 티켓을 사 준 고객들에게 편안함과 즐거움을 주는 것이 승무원의 몫인 것이다. 그러기 위해서는 어떤 상황이 발생한다 하더라도 의연함과 여유로운 미소를 잃지 않아야 한다.

면접이 끝나고 마무리인사를 하고 그 면접장에서 나올 때까지, 그리고 아예 그 건물을 나올 때까지도 긴장의 끈을 놓지 않고 표정 전체에는 미소를 머금고 표정 관리를 해야 한다.

17. 스펙이 전부가 아니다

나는 단 한 번도 공부를 뛰어나게 잘했던 적이 없었다. 항공사에 입사했을 당시에도 나는 그저 전문대학 졸업생일 뿐이었고, 영어 실력 또한 뛰어나지 않았다.

교수가 되기 전 항공사 신입 승무원을 교육하는 강사 역할을 하다 보니 자연스럽게 그들의 학벌과 외국어 능력 등을 서류로 쉽게 접할 수 있었는데 정말 천차만별이었다. 일류 명문대학교 명문학과에서부터 이름도 들어보지 못한 대학, 생소한 이름의 학과 출신이 합격한 경우도 적지 않았다. 또한 영어 실력도 토익 550점에 겨우 턱걸이해서 들어오는 사람부터 만점에 이르기까지 정말 그 점수대도 다양했다. 그 외에 제2외국어 자격증도 최고 수준의 자격을 가진 사람부터 아예 실력이 전무한 경우도 있었다. 지금의 상황도 마찬가지다. 그럼에도 불구하고 많은 지원자들은 이렇게 말한다.

"교수님, 스펙을 좀 더 쌓고 나서 승무원 시험에 도전하는 것이 낫지 않을까요?"

"교수님, 제가 떨어진 이유는 아무래도 스펙이 낮아서 그런 것 같아요!"

"교수님, 승무원이 되기 위해서는 어떤 스펙을 더 쌓아야 할까요? 합격에 유리한 자격증이 있나요?"

승무원에 지원하는 사람들 중 자격증과 같은 스펙관리에 신경을 많은 쓰는 경우가 있는데, 이에 관해 면접관들의 얘기를 들어보자.

"스펙이 당락을 좌우하는 큰 요소는 아니죠. 물론 동점자가 있으면 그중에서 이왕이면 중국어 자격증이 있거나 영어 점수가 월등히 높은 사람을 뽑게 되는 경우가 있기는 하죠. 그리고 학벌도 그렇게 따지지 않아요. 전문대학 졸업자가 문제가 되는 것은 더더욱 아니죠. 그런데 간혹 나이가 어린 경우 불안한 부분이 있어요. 아무래도 승무원은 사람을 대하는 직업이다 보니 사람을 대하는 스킬이나 세련미가 떨어진다고 보죠. 그런데 그런 사람들도 2년만 지나면 베테랑이 돼요. 결국 경험이 그들을 성장시키는 거예요. 그래서 잘 키우면 정말 회사 내에서 앞서가는 리더가 되기도 하죠. 그래서 나이가 어린 친구들은 면접 시에 조금 더 의젓한 모습, 프로다운 모습을 보여주면 좋을 것 같아요."

"스펙이 뒤진다고 불합격되는 것은 아니에요. 스펙이 당락의 결정을 좌우하지는 않아요. 저희가 채용공고를 낼 때 지원자격에 관해 공지하잖아요. 예를 들면, '토익 550점 이상' 같은 거요. 그 이상만 되면 되죠. 특별히 고득점자들에게 특별 부과점수를 주는 건 아니에요."

"아무리 기준점수가 토익 550점 이상이라고는 하지만 솔직히 600~700은 되어야죠. 어차피 회사에 들어와 인턴 생활을 거친 후 정직원이 되는데 그때 토익 시험을 또 보거든요. 그런데 그때 550점을 넘지 못하면 아예 정직원 전환이 되지 않아요. 550점 딱 맞춰 뽑을 경우 간혹 정직원 전환 시점이 되어서 그 점수를 못 따는 직원들이 있어요. 그럼 정말 나가야 하거든요. 비행하면서 공부하기도 쉽지 않으니, 아예 토익 점수가 여유 있는 지원자를 안전하게 뽑는 거죠."

"영어 점수나 기타 점수가 최고 만점에 가깝다고 무조건 좋은 점수를 주는 건 아니에요. 어느 정도 상위권을 유지하면서 주변 사람들과의 화합, 팀과의 융화가 잘될 수 있는 튀지 않는 인재, 사람의 중요성을 알기에 다른 회사로 이직하지 않고 무난하게 회사생활을 오래 할 수 있는 인재가 더 낫죠."

"외모, 면접 답변, 스펙 중에 중요도를 굳이 고르라고 한다면, 제일 중요하지 않은 것이 바로 스펙이에요. 그렇다고 너무 없어도 안 되겠죠? 토익을 기준으로 한다면, 적어도 600~700점은 되어야 해요. 500점대 지원자들도 많긴 한데, 사실은 대학교 때 공부 너무 안 한 사람 같다는 느낌을 받거든요. 대학교 성적도 마찬가지예요. 성적이 안 좋다고 안 뽑는 건 아니지만, 학교생활을 매우 불성실하게 했다는 인상을 줄 수 있죠. 무엇보다 제발 돈 주고 여러 자격증 좀 안 따셨으면 좋겠어요. 그런 자격증이 있다고 특별히 가점을 주는 건 아니거든요. 굳이 자격증을 따시려거든 중국어나 외국어 관련된 자격증을 따시면 좋을 것 같아요. 그건 확실히 도움이 되거든요."

솔직한 면접관의 이야기를 들으니, 그동안 항공사 지원자들과 면접관의 시선과 기준이 굉장히 다르다는 걸 알 수 있었다. 많은 지원자들의 오해가 바로 '스펙'에 있다. 어떤 회사도 많은 돈을 들여가며 별 도움이 되지 않는 자격증을 원하지 않는다. 다만 자격증이 여러 개 있으면 본인이 자기계발을 위해 노력하는 성실한 인재로 보일 수 있으며, 이를 통해 면접 시 다양하게 답변할 수 있는 스토리텔링을 남보다 많이 할 수는 있다. 그러나 이것이 면접 합격의 핵심 요소는 될 수 없음을 명심하자.

18. 승무원은 항공사의 일원이다

"많은 이들의 꿈이 승무원이라는 것은 저도 잘 알고 있어요. 그렇다고 해도 승무원이기 이전에 우리 회사의 일원이 되는 것인데 거기까지는 잘 생각하지 않는 것 같아요. 오로지 승무원 얘기만 하고 정작 회사에 관해 물어보면 대답을 못 해요. 아무리 이미지가 좋고 다른 질문에 대답을 잘한다 해도 우리 회사에 관련된 질문에 답변을 못하면 무조건 불합격시키죠. 배신감이랄까? 말로는 우리 회사 승무원이 되고 싶다고 하면서 자신이 들어가고자 하는 회사의 CEO 이름도 모르는 사람의 말을 믿을 수 있겠어요?"

국내 한 LCC 항공사 면접관의 말이다. 그렇다. 이것이 많은 지원자들이 간과하고 지나가는 점이다. 특히 모든 항공사 면접관들이 공통으로 하는 말 중 하나는 항공사 이름이라도 헷갈리지 말라는 것이다. 대한항공 면접장에서 아시아나항공 승무원으로 뽑아달라고 얘기하고, 진에어 면접장에서 티웨이항공 승무원으로 뽑아달라고 말하는 사람이 많다고 한다. 물론 실수라는 걸 서로 알지만, 들어서 기분 좋은 얘긴 아니다.

또한 이번 인터뷰를 통해 대형 항공사보다는 LCC 항공사에서 회사 관련 질문을 많이 한다는 것을 알 수 있었다. 아무래도 회사에 대한 인지도가 대형 항공사보다 낮다 보니 지원자들의 관심과 충성도에 관해 더욱 궁금해했다.

항공사 홈페이지나 웹진을 통해 항공사에 대한 정보는 충분히 파악할 수 있고 신문기사 검색을 통해 해당 항공사의 최근 업무 동향 등은 언제든 알아볼 수 있다. 최근에는 SNS를 통해서도 항공사의 소식을 쉽게 받아볼 수 있으니 개인적인 노력을 조금만 기울인다면 좋은 성과를 거둘 수 있다.

다시 말하지만 가고자 하는 회사와 관련된 모든 정보를 숙지하여 예상 질문에 대비해야 한다.

- 기업 개요 (창업일, 창업정신, 창업자와 회장 등)
- 회사의 연혁, 비전, 임무, 경영이념
- 기업의 발전 가능성 및 신규 추진 사업
- 항공기 보유 정도 및 기종
- 취항 국가, 도시 등 신규 취항노선
- 항공사별 광고 콘셉트와 느낌
- 기내식, 특화서비스 등 특별 서비스 사항
- 최근 수상 내용 등

아는 만큼 보이고 아는 만큼 이야기할 수 있다. 그러면 어떻게 이러한 정보를 답변에 녹아들게 할 것인가. 면접관이 회사에 관해 묻기 전에 먼저 이미 준비된 사람이란 것을 보여줄 필요가 있다.

예를 들어 "대학교 생활 동안 가장 기억에 남는 일은 무엇인가요?"라는 질문에 대답해보자.

○○○ 네, 저는 대학교 1학년 때부터 가정형편이 어려운 아이들을 위해 직접 케이크를 만들고 전달하는 '사랑의 케이크 만들기'라는 봉사활동을 한 적이 있습니다. 이 봉사활동을 하면서 아이들의 고맙다는 말 한마디가 정말 큰 힘이 되었고, 비록 가난하지만 누구보다 밝고 순수한 아이들을 보며 마음이 뭉클해졌던 기억이 납니다. 제가 아시아나항공을 선택한 이유도 바로 여기에 있습니다. 아시아나항공은 '함께 비상하는 아름다운 세상'이라는 슬로건 아래에서 전 세계의 저개발 국가들을 지원하고 임직원들이 함께 봉사활동을 하며 우리나라뿐 아니라 전 세계에 아시아나항공의 따뜻한 사랑의 손길을 전하고 있다고 알고 있습니다. 이제는 제가 아시아나항공의 일원으로서 아시아나항공의 아름다움을 세계에 알리며 사랑을 전하는 진실한 승무원이 되겠습니다.

본인의 대학생활 동안 가장 기억에 남는 일과 항공사와 연결할만한 고리를 바로 해당 항공사의 사회 공헌 활동으로 이용한 사례이다. 이러한 답변을 듣게 되면 항공사 면접관은 '우리 회사에 관해 정말 많은 정보를 조사했군. 사회 공헌 활동까지 알 정도면 우리 회사에 들어오고 싶어하는 열정만은 확실하군.'이라고 생각할 것이다.

또 다른 예를 들어보겠다. "우리 회사를 떠올리면 가장 먼저 떠오르는 이미지는 뭔가요?"

○○○ 네, 저는 장미가 떠오릅니다. 그 이유는 티웨이항공의 예쁜 유니폼 때문인데요. 카니발 레드와 퀸 앤 그린의 컬러로 된 티웨이항공의 유니폼은 마치 한 송이의 장미를 연상시키기 때문입니다. 장미의 꽃말은 열렬한 사랑과 열정이라

고 합니다. 티웨이항공을 향한 저의 마음은 장미처럼 열렬한 사랑으로 표현할 수 있으며, 제가 티웨이항공 승무원이 된다면 그 열렬한 사랑과 열정 가득한 의지로 비행업무에 임하도록 하겠습니다. 저에게 장미처럼 예쁜 유니폼을 입을 수 있는 기회를 주신다면, 승객에게도 넘치는 사랑과 열정을 다하도록 하겠습니다.

아마 항공사 직원이라고 하더라도 자사 유니폼의 색깔을 빨강과 연두로 알고 있지, 저렇게 '카니발 레드와 퀸 앤 그린의 컬러'라고 알고 있지는 않을 것이다. 항공사 직원보다도 더 항공사에 관해 많은 정보를 알고 있는 기특한 지원자를 면접관이 무시해 버릴 수 있을까?

19. 서비스에도 영재성이 있다

승무원들은 보통 비행을 시작하기 전 '브리핑'을 통해 그날 비행을 함께할 객실 승무원들과 인사를 나누는 시간을 가진다. 보통 팀제로 운영되다 보니 대부분 팀원의 변동은 없지만 때에 따라서는 비(非) 팀원들이 조인되기도 하고, 전체 승무원들이 모두 비팀원으로 구성될 경우도 있다. 비 팀원들은 브리핑이 시작되기 전 객실 사무장에게 따로 와서 인사를 한다.

"안녕하십니까, 사무장님. 오늘 뉴욕 비행에 조인된 ○○○이라고 합니다. 오늘 담당 구역은 일등석입니다. 열심히 하겠습니다."

아주 짧은 이 인사말로 사무장은 3박 4일의 뉴욕 일정 동안 이 사람이 어떻게 승객들을 응대할지 짐작한다. 그리고 그 예상이 거의 90% 이상 들어맞는다.

일단 인사를 오는 시간부터 확인한다. 그 사람이 몇 시에 출근해서 비행준비를 하고 있느냐로 성실함을 판단할 수 있다. 그리고 외적 이미지를 보게 된다. 대면 호감도, 유니폼 청결도와 머리 손질, 화장 상태 등을 보며 태도를 점검하는 것이다. 그다음은 목소리와 표정을 본다. 얼마나 밝은 분위기로 승객들에게 서비스할지 혹은 어떤 모습으로 친근감 있게 승객들에게 다가설 수 있을지 어투와 내용을 살핀다. 마지막으로 인사를 하는 모습에서 성의를 살핀다.

항공기를 타도 마찬가지이다. 객실 사무장은 승무원들이 고객에게 인사하는 말 한마디만 들어봐도 이 승무원의 서비스 능력과 근무태도를 파악할 수 있다.

"안녕하십니까? 어서 오십시오!" 이 한 마디로 그 사람의 3박 4일 근무평가가 매겨지기도 한다. 어떤 승무원은 녹음기를 틀어놓은 것처럼 "안녕하십니까? 어서 오십시오!"를 반복한다. 당연히 표정에도 변함이 없다. 어린아이가 탑승을 하든, 할머니가 탑승을 하든 상대에 상관없이 일관된 목소리와 표정으로 같은 말만 반복한다.

반면, 어떤 승무원은 "안녕하십니까? 어서 오십시오. 어머나, 오늘 예쁜 어린이가 왔네요. 반가워요.", "안녕하십니까? 어서 오십시오. 어이쿠, 짐이 무거워 보이시는데 제가 자리까지 좀 들어다 드릴까요?", "안녕하십니까? 어서 오십시오! 뉴욕까지 편안히 모시겠습니다.", "안녕하십니까? 어서 오십시오! 기분 좋은 비행으로 모시겠습니다." 등등 누가 따로 가르쳐 주지 않아도 본인 스스로 다양한 표현을 써 가며 인사를 한다. 이런 사람은 당연히 표정도 밝고 에너지가 넘친다. 바로 이런 이들이 '서비스의 영재성'을 가진 사람들이다.

한 항공사 면접관의 이야기를 들어보자.

"지원자 얼굴이 아무리 예뻐도 탈락시키는 경우가 있지요. 뭔가 서비스를 하는 사람으로서의 느낌이 안 오는 경우죠. 도도하고 새침하고, 친근감이 느껴지지 않는 사람들이 있거든요. 그런 사람은 아예 뽑지 않아요. 천성적으로 안 되는 사람을 가르치는 것보다 될 만한 소양을 가진 사람을 가르쳐서 서비스 내보내는 것이 훨씬 효과적이죠."

바로 서비스 영재성을 띤 사람을 뽑겠다는 것이다.

밝고 환한 인상이 가장 중요하며 같이 있으면 편안해지고, 대화하면 할수록 더 말을 걸고 싶은 스타일, 거짓 없고 솔직하며 청순한 사람, 남을 돕는 데 있어 계산하지 않는 착한 심성 등이 필요하다.

국어, 영어, 수학에만 영재가 있는 것이 아니다. 서비스에도 영재가 있다. 그리고 누구나 될 가능성이 있다. 다만 당신 안의 영재성을 찾지 못하고 발전시키지 못할 뿐이다.

자, 이제부터라도 당신에게 내재되어 있는 '서비스 영재성'을 발굴해 보길 바란다.

20. 안 되는 조건들

"교수님, 저는 키가 작은데 승무원이 될 수 있을까요?"

"저는 영어가 죽어도 안 되는데 승무원이 될 수 있을까요?"

"제 얼굴이 예쁜 편이 아닌데 승무원이 될 수 있을까요?"

전국의 학생들이 묻는 말의 상당수가 자신의 조건과 승무원의 상관관계다. 글쎄, 뭐라고 대답해야 할지 모르겠다. 수많은 항공사의 서로 다른 기준이 있고 개인의 능력 차이가 있기에 된다 안 된다를 내가 말할 수는 없다. 다만 내가 책임지고 할 수 있는 답변은 바로 이것이다.

"본인이 부족한 면이 있다면 채워야 한다. 그리고 남보다 뒤처진 게 있다면 남보다 앞서나갈 수 있는 것을 찾아 노력하라!"

사실 키가 작다는 건 안타깝지만 좋은 조건은 아니다. 그리고 반대로 키가 너무 큰 것도 좋은 조건이 아니다. 다만 국내 항공사는 점점 키 제한을 완화해 나가는 분위기이다. 항공사 승무원 채용공고 신체조건 항목에는 '기내 안전 및 서비스 업무에 적합한 신체조건을 갖춘 분'이라고만 표기를 하거나 아예 항목을 뺀 경우도 있다. 그리고 162cm 이상이라고 명시한 곳도 있지만, 사회 분위기상 곧 없어질 것으로 보인다.

'도대체 기내 안전을 책임지는데 키가 뭐가 문제야? 서비스 업무를 하는데 키가 작으면 어떻고 크면 어때!'라고 생각을 할 것이다. 그런데 꼭 그렇지만은 않다.

객실 승무원이 주로 업무를 하는 공간인 갤리(galley: 항공기에서 승객의 식사와 음료를 준비하는 주방과 같은 공간)에는 갖가지 서비스 용품을 보관하는 수납장 같은 개념의 컴파트먼트(compartment)가 있는데 여기에서 물건을 꺼내고 집어넣으려면 어느 정도의 신장이 필요하기는 하다. 그래서 항공사마다 신장의 기준을 두지는 않지만 면접 시 신장을 실측하거나 팔길이를 측정한다. 그리고 승무원의 서비스 공간인 항공기 통로(aisle)에서는 승객에게 식사와 음료 서비스도 하지만 승객의 짐을 올려주거나 꺼내주기도 하고, 무엇보다 승객의 짐 보관 장소인 오버헤드 빈(overhead bin: 좌석 위 선반)이 잘 닫혀있는지 점검을 해야 할 의무가 있다. 그런데 이 오버헤드 빈에 팔이 닿지 않을 경우 안전업무를 수행할 수 없으니 당연히 승무원에 적합하지 않다고 생각하는 것이다. 이러한 이유로 신장이 너무 작거나 팔이 일정 높이에 닿지 않으면 합격할 수 없다.

또 키가 너무 큰 경우에는 소형 항공기에서 승객을 위에서 아래로 내려다보니 승객의 입장에서 부담스러울 수 있고, 기내에서 무게중심이 보통 사람보다도 높다 보니 균형을 못 맞추기도 한다. 실제로 키 큰 승무원 중 허리 통증을 호소하는 이가 적지 않다.

사실 신장은 사람의 인위적인 힘으로는 해결할 수 없는 부분이다. (간혹 수술을 통해 신장을 늘려보겠다는 학생도 있었지만 나는 적극적으로 반대한다. 키가 작은 것보다 몸 안에 수십 개의 나사가 박혀있는 것이 더 치명적일 수 있기 때문이다.) 어차피 사람의 힘으로 할 수 없는 부분이라면 키 대신 남을 능가할 뛰어난 장점이 있으면 된다. 예를 들면, 피나는 면접 연습을 통해 자신만의 매력을 향상시키거나, 외국어를 현지인 수준으로 완벽하게 구사할 수 있도록 노력하는 것이다. 그래서 작은 키가 보이지 않을 정도로 자신을 포장해야 한다.

　그리고 영어 실력이 안 되어 고민하는 지원자가 있다면, 오늘 당장 학원으로 가라. 기초 실력이 부족해서 어디서부터 어떻게 해결해야 할지 모르는 학생은 전문가의 도움을 받는 것이 가장 빠르다. 그리고 절대 자존심을 내세우지 말자. 창피하겠지만 왕초보 과정부터 시작하라. 중학교 영어부터 다시 시작할 수도 있다. 그러나 그것을 절대 창피하다고 생각하면 안 된다. 영어 때문에 당신의 꿈을 포기하는 것이 자신에게 더 창피한 일이다.

　얼굴이 못생겨서 안 되겠다고 말하는 지원자가 있다면, 성형수술을 권하기 전에 나는 '표정 성형'을 하라고 권하고 싶다. 사람의 이목구비보다 더 중요한 건 바로 표정으로 형성되는 인상이다. 아무리 얼굴이 조각같이 예뻐도 표정이 좋지 않으면 떨어진다. 그러나 얼굴이 조각 같지는 않아도 표정이 좋으면 합격 가능성이 크다. 눈, 코, 입을 고칠 것이 아니라 친근하고 따뜻한 이미지를 만드는 게 훨씬 중요하다.

Chapter 2

칼날 위의 승부,
면접 패스의 공식

면접장에서 당신에게 주어지는 시간은 얼마나 될까? 1분? 2분? 3분? 실제로 면접관이 몇 분을 주든 당신은 그 시간이 무척 짧게 느껴질 것이다. 찰나의 순간에 당신이 몇 년 동안 준비해 온 모든 것이 당신의 미래를 결정한다. 아마 면접장을 나오면서 뿌듯한 마음보다는 허무하고 허탈한 마음이 가득 찰 것이다.

그 순간을 가장 충실히 살려낼 수 있는 방법은 연습이고 준비다. 당신이 가고자 하는 회사에 들어가기 위해서는 답변이 이미 충분히 연습되어 모든 준비가 끝난 상황에서 들어가야 한다. 그리고 당신이 경쟁자보다 빛나야 한다. 면접관의 기억에 긍정적으로 남아야 하며 가족이 되면 좋겠다는 확신을 주어야 한다.

그래야 이후의 세상이 열린다.

1. 면접은 한 마디의 승부다

　사람은 말실수를 한다. 친구 사이나 연인 사이, 심지어 부모와 자식 간에도 말실수는 늘 있다. 그리고 그 순간을 두고두고 후회한다. 그리고 오랜 시간 동안 실수를 복구해 나아간다. 하지만 절대 복구할 수 없는 말실수가 있다. 면접장에서의 말실수가 바로 그것이다. 가벼운 농담이라고 던진 말 한마디가 당신의 당락을 결정지을 수도 있다. 면접장에서 농담은 하지 않는 것이 낫다. 내가 한 말이 어떤 파문을 일으킬지 생각하지 않고 내뱉는 순간 단언컨대 실수로 이어질 확률이 높다.

　우리나라 최고 로펌의 한 대표 변호사가 신임 변호사를 면접할 때의 일이다. 그 로펌에 지원한 이는 우리나라의 최고의 명문대학 법학과를 졸업한 수재이며 해외에서도 변호사 경력을 가진, 말 그대로 엘리트였다. 외모 또한 준수한 편이라 첫인상부터 매우 좋았다고 한다. 면접 전부터 면접관들은 그의 이력에 관심이 많았고, 기대 또한 컸다고 한다. 그런데 실제 면접장에서 그가 내뱉은 한 마디에 면접관 모두 "탈락!"을 외쳤다.

　탈락의 빌미가 된 질문은 아주 일반적인 것이었다.

"본인은 장점이 참 많으신 분 같은데, 혹시 단점도 있나요?"

"네, 저는 뭐든 금방 질린다는 단점이 있습니다. 그래서 한 여자도 오래 못 만납니다. 하하!"

본인은 면접장의 분위기가 유쾌하고 편안해서 농담이라고 했을지 모르겠지만, 그 말을 들은 면접관들의 얼굴에는 쓴웃음이 스쳐 지나갔다.

'뭐든 금방 질린다고? 그럼 당연히 우리 회사도 금방 질려서 다른 회사로 옮겨 가겠네?'

도대체 어떤 생각을 가지고 그런 대답을 했던 것일까? 공부를 잘하는 것과 지혜로운 것은 차이가 있다. 분명 그 장본인을 만나 물으면, 어떤 특별한 생각을 가지고 한 말은 아니었다고 할 것이다. 면접장의 분위기가 화기애애해서 자기도 모르게 긴장을 풀렸다고 할지도 모르겠다.

간혹 능력자들이 서류심사에서는 우수한 성적으로 통과하고 면접에서 탈락하는 예가 있다. '금방 질리는 분'이 바로 그런 사람이다.

면접은 서슬 퍼런 칼날 위의 승부다. 당신과 면접관, 당신과 경쟁자, 그리고 바로 당신과 당신 자신과의 승부가 시퍼렇게 날을 벼르고 기다리고 있는 것이다. 어떤 말 한마디라도 허투루 해서는 안 된다. 면접장의 누구도 당신의 말 한 마디 한 마디를 그냥 놓치는 법이 없다. 그 모든 것이 당락을 결정짓는 한 수다.

2. 질문의 의도를 간파해야 한다

축구 경기에서 90분의 정규 시간과 30분의 연장전을 모두 치렀음에도 불구하고 승부를 가리지 못했을 때 양 팀에서 각각 5명의 선수가 나와 한 번씩 번갈아 골키퍼와 1 대 1 승부를 겨루는 것을 '승부차기'라고 한다. 승부차기를 할 때 골키퍼는 상대방 선수가 공을 찰 때 공이 오는 방향을 보고 막는 것이 아니라, 본능적으로 방향을 예감하여 한쪽을 선택하여 몸을 날린다. 그런데 이때 슈터가 공을 차는 방향과 골키퍼가 몸을 날린 방향이 일치된다면 점수를 잃지 않을 확률이 높아지지만, 슈터가 찰 공의 방향을 잘못 판단하고 몸을 던졌다가는 공을 막을 확률은 제로에 가깝다.

여기서 골키퍼의 능력의 척도는 상대방 슈터가 공을 보내려고 하는 방향을 미리 간파하는 데 있다. 면접도 마찬가지다. 면접관이 당신에게 왜 이런 질문을 하는지 그 의미를 먼저 간파하는 것이 가장 중요하다. 질문이 들어온다고 해서 무조건 입에서 나오는 대로 재빨리 대답하는 것이 중요한 것이 아니라, 제대로 된 답변을 하는 것이 중요하다.

면접관의 모든 질문에는 의도가 있다. 목적 없는 질문은 없다. 그들도 짧은 시간 내에 본인의 기업에 맞는 인재를 선택해야 하므로 질문 하나하나에 의미를 담고 있는 것이다. 그런데 면접자가 질문의 의도는 전혀 고려하지 않은 채 본인이 하고 싶은 대답만 하고 돌아서면 당연히 문제가 생길 수밖에 없다. 서비스가 바로 그렇다. 승무원이 하고 싶은 서비스를 하는 것이 아니라 고객이 원하는 서비스를 적시에 해주었을 때, 고객 만족이 실현되는 것이다. 따라서 면접자의 답변은 면접관이 듣고 싶은 대답을 하는 것이 핵심이다. 그 순간에 이르러서야 비로소 면접관의 기억에 남는 것이다.

질문을 받으면 찰나의 순간에 머릿속으로 생각해야 한다.

'왜 저 질문을 했을까? 무슨 의도인 거지? 그럼 나는 어떤 식으로 대답해야 하지?'

그 모든 판단이 끝났을 때 비로소 당신의 승부가 시작된다.

3. 답변에 의미를 부여하라

모든 답변에는 의미가 있어야 한다. 따라서 당신에게 주어지는 질문을 소중히 해야 한다. 절대 단답형으로 스쳐 지나가듯 답해서는 안 된다. 단답형의 답은 강렬해 보일 수 있을지 모르지만 성의 없이 보이고, 대화를 더 이어나갈 의사가 없어 보이기 십상이다.

어떤 사소한 질문이 온다 하여도 의미를 부여하여 가치 있는 것으로 만들어야 한다. 어떤 의미를 부여해야 할지는 정해져 있다. 승무원이 되고자 하는 열정과 입사 후의 포부가 그것이다. 왜냐하면 면접관들이 면접자들에게 가장 듣고 싶어 하는 대답이 열정과 포부이기 때문이다.

면접 질문 중 단답형으로 답변하기 쉬운 것이 있다. 바로 면접자의 취미나 특기에 관한 질문이다.

"당신의 특기는 무엇입니까?"라는 질문에, 아무런 생각 없이 "종이접기입니다."라고 단답형으로 얘기하는 사람은 하수(下手)다. 당신은 이미 한 번의 소중한 기회를 놓친 것이다.

스스로 별것 아니라고 생각되는 취미나 특기라도 이렇게 답해보자.

○○○ 제 특기는 종이접기입니다. 어렸을 적부터 부모님께서 맞벌이를 하시다 보니 부모님을 기다리며 동생과 같이 놀아주어야 했는데, 그때 익힌 것이 바로 종이접기였습니다. 종이접기로 학도 만들고 집도 만들고 강아지도 만들면 동생도 좋아했고 저도 지루하지 않았습니다. 제 생각에는 비행기에 탄 어린이들 또한 비행시간이 길어지면 자칫 지루해할 수도 있을 것으로 생각합니다. 그때 제가 종이접기 놀이를 통해 지루한 비행기 안이 아닌 그들만의 재미있는 놀이방 같은 공간으로 바꾸어 주겠습니다. 저는 이렇게 ○○항공의 승무원의 되어, 모든 승객의 연령층에 맞는 눈높이 서비스를 하는 지혜로운 승무원이 되도록 노력하겠습니다.

○○○ 제 취미는 편지를 쓰는 것입니다. 어린 시절 가장 친했던 친구가 미국으로 유학을 가는 바람에 쓰기 시작한 손편지가 이제는 취미가 되었습니다. 지금은 이메일이나 메신저로 편하게 연락을 주고받을 수 있지만, 저는 손편지가 매력적이라고 생각합니다. 손편지는 정성스럽게 보이며 실제로 한 글자, 한 문장을 쓰기 위해 더욱 고심할 수밖에 없기에 받는 입장에서도 그 매력은 지금도 유효하다고 생각합니다. 제가 ○○항공의 승무원이 된다면 팀원들에게, 또한 특별한 날을 맞은 고객에게 정성을 다한 글씨로 손편지를 써서 관계를 돈독히 하고 상대를 기쁘게 해 주는 가슴 따뜻한 승무원이 되겠습니다.

종이접기나 손편지라는 취미는 일반적으로 특별하지 않게 느껴진다. 하지만 어떻게 설명하느냐에 따라서 특별한 의미를 부여할 수 있고 또한 듣는 사람 입장에서는 그 의미가 천차만별로 달라질 수 있다. 단,

거짓말은 안 된다. 정말로 본인이 관심이 있는 분야를 승무원의 일과 연관을 지어서 이야기하라는 뜻이다.

4. 3단계 답변 공식

수학만 공식이 있는 것이 아니다. 면접의 답변도 공식이 있다.

첫 번째 문장에는 질문에 대한 명확한 자기주장이 있어야 한다. 두 번째 문장부터는 주장의 이유와 본인만의 스토리텔링이 들어가야 한다. 마지막 문장에는 입사 후 포부가 드러나야 한다. 이렇게 3단계의 답변은 면접관이 이해하기 쉽고 아울러 당신이 자기 생각을 잘 정돈하고 있다는 인상을 준다.

단언컨대, 이렇게 세 가지 단계로 정리하여 답변하는 방법을 연습하면 답답하게만 여겨졌던 면접에 대한 두려움을 씻어낼 수 있다. 두려움이 없어지면 자신의 색깔을 입힐 수 있다. 자신만의 색깔, 즉 개성은 상대방의 기억에 남는 핵심 요소다.

예를 들어, "팀원들과 마음이 맞지 않는다면 어떻게 대처하시겠습니까?"라는 질문을 받았다고 하자.

STEP 1 주장	팀원과 마음이 맞지 않는다면, 저 자신을 더 낮추고 팀원의 의견에 먼저 따라주겠습니다.

STEP 2 이유와 스토리텔링	왜냐하면 승무원의 일은 개인적인 일이 아니라 팀원들과 손발을 맞추며 같이 해 나가야 한다고 알고 있습니다. 팀워크는 서비스의 기본이므로, 저로 인해 팀워크가 깨진다면 비행기에서 일하는 시간 동안 행복하고 즐거운 게 아니라 고통스러운 시간이 계속될 것이라 생각합니다. 따라서 제가 먼저 팀원을 믿고 의견을 존중해 준다면 언젠가는 팀원들도 저의 이런 마음을 알아주고 존중해 주는 날이 올 거라 믿습니다.

STEP 3 입사 후 포부	앞으로 OO항공의 승무원이 된다면 늘 저의 목소리보다는 고객의 목소리와 팀원들의 목소리, 회사의 목소리에 귀 기울여 화합할 줄 아는 승무원이 되겠습니다.

또 다른 예를 하나 들어보겠다. "왜 저희가 당신을 채용해야 한다고 생각하십니까?"

STEP 1
주장

왜냐하면 제가 바로 ○○항공 인재상에 맞는 근면하고 성실한 사람이기 때문입니다.

STEP 2
이유와 스토리텔링

승무원이라는 직업은 약속을 잘 지키고 부지런하며 주어진 일에 최선을 다하는 것이 가장 중요하다고 생각합니다. 저는 중고등학교 때 개근상을 놓쳐본 적이 없었고, 대학 시절에는 왕복 통학시간이 다섯 시간인데도 불구하고 다른 동기들보다 늘 한 시간 일찍 등교해 토익 특강에 참여하는 등 그 누구보다도 근면하고 성실한 학생이었다고 자신할 수 있습니다.

STEP 3
입사 후 포부

○○항공의 인재상 중 가장 첫 번째가 바로 근면성실한 인재인 만큼 ○○항공의 승무원이 된다면 철저한 비행 준비가 무엇인지 보여주는 근면하고 성실한 승무원이 되겠습니다.

혹은 이런 질문도 가능하다. "당신이 면접관이라면 어떤 질문을 하시겠습니까?"

| STEP 1
주장 | 제가 만약 면접관이라면 ○○항공 취업이 본인에게 어떤 의미인지 질문하고 싶습니다. |

| STEP 2
이유와 스토리텔링 | 그 이유는 저의 간절함을 보여드리고 싶기 때문입니다. ○○항공 취업은 저의 희망임과 동시에 저희 어머니의 희망이라고도 말씀드릴 수 있습니다. 저희 어머니께서는 항공서비스과를 전공하고 있는 저를 매우 자랑스럽게 생각하십니다. 특히 유니폼을 입은 저를 불러 지인 분들에게 소개하는 것을 굉장히 좋아하십니다. 아무리 힘이 들어도 저를 보면 힘이 난다는 어머니를 실망시켜 드리지 않기 위해 저는 더욱 열심히 노력했고, 그래서 제가 지금 이 자리에 와있다고 생각합니다. |

| STEP 3
입사 후 포부 | 제가 ○○항공의 승무원이 되어 어머니에게 자랑스러운 딸이 될 수 있는 기회를 주신다면, ○○항공의 자랑스러운 일원이 될 수 있도록 저의 열정을 모두 쏟겠습니다. |

입장을 바꿔 면접관의 입장에서 한번 생각해보자. 그 사람들이 정말 알고 싶은 것은 무엇일까? 얼마나 예쁜지? 얼마나 영어를 잘하는지? 얼마나 잘 웃는지? 아니다.

면접관이 "서비스직 아르바이트를 한 적이 있나요?"라는 질문을 던졌다고 가정하자. 정말 면접관이 면접자가 영화관에서 아르바이트를 했는지, 식당에서 아르바이트를 했는지가 궁금해서 묻겠는가? 아니다.

"최근 재미있게 읽은 책이 있나요?"라는 질문도 마찬가지다. 정말 면접관이 재미있는 책을 찾고 있어 추천해 주길 바라겠는가? 아니다.

"면접이 끝난 후 뭐 하실 건가요?" 정말 면접관이 여러분의 면접 후 일정이 궁금해서 묻겠는가? 아니다!

그들이 면접을 통해 알고 싶은 것은 결국 이 사람이 회사에 들어와 얼마나 열심히 열정적으로 충성심을 가지고 회사 생활을 할지가 궁금한 것이다. 그러므로 당신은 당신의 답변 마지막에는 꼭 '포부'가 들어가야 한다. 잊지 말자. 그 어떤 질문이 온다 해도 무조건 마지막 문장은 포부로 끝나야 한다는 것을!

만약 나라면 위와 같은 질문에 이렇게 답변하겠다.

"서비스직 아르바이트를 한 적이 있나요?"

STEP 1   저는 인천공항과 김포공항에 있는 항공안전 플러스 라운지에서 근무한 경험이 있습니다.

STEP 2   공항에서 근무하는 것이라 처음에는 재미있겠다는 단순한 흥미로 시작했는데, 하다 보니 정말 보람된 일이 많았습니다. 한 번은 장애우 복지관에서 단체 관람을 오셨었는데, 이제까지 한 번도 비행기를 못 타본 분들이라 그런지 모든 걸 신기해했습니다. 제가 좌석벨트 매는 법, 산소마스크 쓰는 법, 구명조끼 입는 법 등을 가르쳐 주니 실제로 비행기를 탄 것처럼 좋아하는 모습에 가슴이 뭉클해졌습니다. 그 일을 통해 서비스직이란 상대방에게 기쁨을 줄 수 있는 일이라는 걸 깨달았습니다.

STEP 3   제가 앞으로 ○○항공사 승무원이 된다면, 저와 만나는 모든 사람에게 기쁨을 주고 행복을 주며 일하는 하루하루가 보람찬 하루가 되도록 노력하는 승무원이 되도록 하겠습니다."

"최근 재미있게 읽은 책이 있나요?"

STEP 1   저는 《너는 나에게 상처를 줄 수 없다》라는 책을 소개해 드리고 싶습니다.

STEP 2   이 책은 저자가 마음이 아픈 사람들을 치유해 온 경험을 바탕으로 상처에 휘둘리지 않고 자존감을 지키며 살아가는 법을 알려주는 내용입니다. 제가 가장 와 닿았던 구절은 '강한 자존감은 당신이 전쟁에서 포로가 됐을 때 비굴해지지 않도록 해 줄 것이고, 세상에 맞서 싸울 때 당신의 행동이 옳다는 확신을 가져다줄 것이다'라는 구절입니다. 이 책을 읽고 자존감 하나만 있다면 무엇이든 이루어낼 수 있다는 열정이 생겼습니다.

STEP 3 제가 ○○항공에 입사하는 기회가 주어진다면 어떤 일에든 열정을 가지고 저 자신을 소중히 여기는 만큼 상대방도 배려하는 승무원이 될 것이며, 아무리 힘든 일을 겪는다 하여도 제가 선택한 이 일에 책임감을 느끼고 끝까지 해내고야 마는 끈기 있는 승무원이 되겠습니다."

"면접이 끝난 후 뭐 하실 건가요?"

STEP 1 저는 오늘 면접이 끝난 후 고등학교 3학년 때의 담임 선생님을 찾아가 뵙기로 약속을 한 상태입니다.

STEP 2 왜냐하면 그 선생님께서 저에게 승무원이라는 꿈을 심어주셨기 때문입니다. 선생님께서 졸업식 때, '승무원이 되면 제일 먼저 나를 찾아와!'라고 하셨지만, 저는 오늘 선생님께 먼저 승무원이 되기 위한 첫걸음을 뗀 것에 격려를 받고 싶습니다. 제가 만약 ○○항공 승무원이 된다면 여기 계신 면접관님들께 느끼는 고마움은 선생님에 대한 고마움의 백배 천배가 될 것 같습니다.

STEP 3 제가 ○○항공의 승무원이 된다면 이 은혜를 평생 일하며 갚아나가겠습니다. 또한 저를 뽑아주신 것이 절대 후회되지 않으시도록 정말 열심히 해내겠습니다.

회사는 일할 준비가 된 사람을 찾는다. 일할 준비가 된 사람의 특징은 우선 상사의 말귀를 잘 알아듣는다는 것이다. 질문의 의도를 간파하고 어떻게 말할 것인지 판단 내릴 수 있어야 한다. 삶은 시나리오의 연속이다. 자신을 주인공으로 한 시나리오를 얼마나 잘 쓰고 실행하는가에 따라 승패는 갈린다.

5. 엉뚱한 질문에 정확히 대답하기

면접장에서 대답할 수 있는 시간은 여러분의 모든 것을 말하기에는 매우 짧다. 그리고 당신을 더욱 서운하게 만드는 것은 그 시간마저도 면접자에 따라 다르게 적용된다는 것이다. 면접을 보고 난 후 인터넷에 남긴 면접 후기를 보면 '내 옆 사람은 질문을 많이 받았는데, 나는 질문을 한 개만 받았다.', '할 말이 더 남았는데 면접관이 내 말을 중간에 잘랐다.', '준비한 대답이 있었는데, 나에게는 묻지도 않더라. 그래서 말도 못 꺼내고 그냥 나왔다.' 등의 후회와 한탄 섞인 말이 난무한다.

그렇기에 단 한마디를 하더라도 당신은 공을 들여야 하고 대답하는 기술을 익혀야 한다. 직접 당신이 연습을 꾸준하게 많이 해 보는 것이 최선이다. 면접 준비는 도서관에서 면접에 관한 책을 쌓아놓고 온종일 공부를 한다고 해결되는 것이 아니다.

추천하고 싶은 가장 좋은 방법은 '자문자답(自問自答)', 즉 혼자 묻고 답하기이다. 이 방법의 장점은 장소에 제약을 받지 않고 소재의 구애를 받지 않는다는 점이다. 하는 방법은 간단하다. 스스로 즉흥적인 질문을 하고 답을 하면 된다. 예를 들어, "순두부찌개에 관해 설명해 보세요.", "본인의 휴대폰에 관해 설명해 보세요." 등과 같이 뜬금없는 주제에 관해 답해 보자.

그런데 여기에서 중요한 점은 답변해야 하는 소재는 제각각 일 수 있지만 설명을 해 나가는 원리는 단 한 가지라는 것이다. 바로 소재와 나, 그리고 내가 원하는 직업 혹은 기업과 연결을 시켜야 한다. 어떻게 해서든 소재의 일부분과의 연결고리를 만들어야 한다.

순두부찌개로 승무원과 관련된 스토리를 만들어 보자. 일단 소재가 선택되면 가장 처음으로 생각할 것은 그 주제에 대한 이미지이다. 순두부찌개를 생각하면 일단 내 머릿속에 떠오르는 이미지는 매콤하다, 부드럽다, 감기 걸렸을 때 엄마가 끓여주셨던 기억이 차례대로 떠오른다. 그렇다면, "순두부찌개에 관해 설명해 보세요."라는 질문에 이렇게 스토리텔링을 만들 수 있다.

○ ○ ○ 저는 순두부찌개를 떠올리면 어머니의 사랑이 느껴집니다. 어머니께서는 제가 어렸을 적에 종종 순두부찌개를 끓여주시곤 하셨는데, 특히 제가 감기에 걸렸다고 하면 밥상에 얼큰한 순두부찌개가 올라오곤 했습니다. 편도선이 붓고 입맛도 떨어져 밥을 제대로 먹지 못하는 상황에서 어머니의 순두부찌개는 세상의 그 어떤 음식보다 완벽했습니다. 한 그릇 뚝딱 먹고 잠자리에 들면, 다음 날 아침에는 몸이 가벼워지고 감기도 뚝 떨어지곤 했습니다. 지금 생각하니 어머니께서는 넉넉지 않은 살림에 고단백 음식으로 순두부를 선택하셨던 것 같고, 편

도선이 부어 밥을 잘 삼키지 못하는 제게 적합한 음식이라 판단하셨던 듯합니다. 값비싼 보약은 못 해주셨지만 늘 저의 건강을 챙겨주시던 엄마의 따뜻한 마음이 곧 제게는 순두부찌개였습니다. 제가 만일 ○○항공 승무원이 된다면 어머니의 그 마음처럼, 고객을 제 가족처럼 따뜻한 마음으로 모시고 사랑이 넘치는 서비스를 제공하는 승무원이 되겠습니다.

이번엔 휴대폰에 관해 대답해 보자. "본인의 휴대폰에 관해 설명해 보세요."

○○○ 저는 앞으로 고객들에게 휴대폰과 같은 존재가 되어 드리겠습니다. 휴대폰은 요즘 사람들에게는 없어서는 안 될 존재입니다. 한시라도 손에 없으면 불안하고 일상이 불편해지기 때문입니다. 게다가 휴대폰의 많은 기능은 우리에게 수많은 유희를 제공합니다. 그래서 저도 ○○항공을 이용하시는 손님들께 항상 휴대폰과 같은 존재가 되어드리려고 합니다. 비행 내내 고객 주위에서 머무는 승무원, 그래서 언제나 고객이 원하면 한걸음에 다가갈 수 있는 승무원, 그리고 고객들이 원하는 정보를 언제나 척척 말씀드릴 수 있는 승무원, 장거리 여행이 지루하지 않도록 늘 즐거움을 드리는 그런 승무원이 되겠습니다.

자문자답에 하루 한 시간만 투자하자. 그러면 당신의 말하기 기술은 하루가 다르게 달라질 것이다.

6. 수치로 말하라

상대방에게 신뢰감을 줄 수 있는 표현 중 가장 효과적인 방법은 바로 '수치'로 말하기이다. 아, 이해가 바로 안 될 수도 있겠다. 그럼 예시를 한번 보자.

면접 시 본인의 능력을 어필해야 할 때 면접자 대부분은 이렇게 얘기한다.

"저는 영어회화를 문제없이 합니다. 제가 미국에서 3년 정도 살았던 경험이 있거든요."

"중국어회화요? 불편하지 않을 만큼 합니다."

이 두 대답의 문제점은 무엇일까? 바로 '문제없이'와 '불편하지 않을 만큼'이란 표현이다. 이는 정확한 표현이 아닐뿐더러 상대로 하여금 당신의 능력을 그저 짐작만 하게 만든다. 미국에서 3년 살면 영어 능력이 어느 정도 가능한 것인가? 그걸 바로 판단할 수 있는 사람이 있을까? 불편하지 않을 만큼 중국어를 한다는 것은 도대체 무슨 소린가? 편한 것과 불편한 것의 차이는 도대체 어느 지점에 놓여 있나? 면접관의 머릿속은 이런 질문으로 가득 차는 순간, 당신의 이미지는 함께 구겨지고 있다는 걸 명심하자.

면접에서 할 수 있는 표현을 1위부터 10위까지 순위를 매겨본다면 뭉뚱그리는 대답은 10위권 밖이다. 점수로 치면 0점, 합격에서 가장 먼 점수다. 일상대화라면 문제 될 것이 없다. 그러나 지금 당신은 면접관 앞에 서 있다는 것을 잊지 말자.

본인이 아무리 영어와 중국어회화를 잘한다 하더라도 공인된 점수가 없다면 그 누구에게도 인정받기 힘들다. 정확한 수치로 확실하게 자신의 능력을 말하라.

○ ○ ○ 저는 현재 TOEIC SPEAKING Level 7입니다. 외국인과 회화에서 전혀 문제가 없다고 말씀드릴 수 있습니다.

○ ○ ○ 저는 현재 신HSK 6급입니다. 지난 3년간 중국에서 유학생활을 했던 경험도 있어서 중국인들과 무리 없이 대화를 주고받을 수 있으며, 그들의 생활과 문화까지 잘 파악하고 있다고 말씀드릴 수 있습니다.

바로 이 같은 대답이 당신이 면접관 앞에서 해야 할 표현이다. 이렇게 수치로 정확하게 표현해야 상대방에게 신뢰감을 줄 수 있으며, 이때 비로소 상대방이 당신의 능력을 확신할 수 있다.

7. 열정적으로 답하라

면접장에서 당신을 비롯해 모든 입사 지원자에게 할애되는 시간은 불과 3분 내외. 대부분의 지원자들이 공통적으로 본인에게 주어진 시간이 적다고 느낀다. 게다가 어떤 경우에는 다른 이에게만 꼬리 질문이 마구 쏟아지는 반면, 정작 당신에게는 공통 질문 하나만 달랑 주어지는 경우도 있다. 수개월 동안 혹은 수년 동안 그 시간만을 준비해 왔는데 생각한 만큼 답할 기회가 주어지지 않으면 허무하고 답답하다.

'아…… 할 말을 다 못했는데…….'

이런 한탄은 한탄일 뿐이다. 의미가 없다. 그럼 나에게 1분이 주어질지, 3분이 주어질지 모르는 상황에서 한 마디 한 마디를 할 때마다 강한 열정을 쏟아야 한다. 그것이 최선이고 당신이 유일하게 할 수 있는 일이다. 나를 어떻게 면접관에게 각인시키는 것이 좋을까.

자기소개서를 쓰거나 면접장에 들어와서 대답할 때 '나는 꼭 이 항공사가 아니면 안 된다! 이 회사가 아니면 내 인생에 다른 회사는 없다!'라는 굳센 의지가 보여야 한다. '대한항공이 안 되면 아시아나항공도 괜찮아.', '티웨이항공도 좋고 이스타항공도 좋아! 승무원이 될 수만 있다면 무엇이든 할 거야!'의 마음가짐을 보여서는 안 된다.

물론 속마음이 그런 것은 문제 될 것이 없다. 속마음은 유연하면 유연할수록 좋다. 하지만 그런 마음을 면접관에게 절대 들켜서는 안 된다는 말이다.

"우리 항공사 말고 다른 항공사에도 지원한 적이 있나요?"

이런 질문을 받게 된다면, 어떻게 대답을 해야 할까?

"네, 사실은 며칠 전에 ○○항공사 면접을 보고 왔습니다."

우리 제발 이러지 말자. 이런 대답은 좋게 말하자면 순진한 것이고 나쁘게 말하자면 바보스러운 것이다. 때와 장소를 가려가며 솔직해져야 한다. 설사 당신이 이미 다른 회사에 스무 장의 이력서를 냈던 경험이 있다 하더라도 이렇게 답해야 한다.

○○○ 아닙니다. 저의 인생 최대의 목표는 ○○항공사에 입사하는 것입니다. 그래서 저는 ○○ 항공사만을 저의 인생 목표로 삼고 지금까지 준비해 왔습니다. 제게는 ○○ 항공사가 아니면 아무 의미가 없습니다.

이 대사에 절절한 눈빛으로 면접관들을 바라보는 것이 좋다. 그런데 그런 표정을 보고도 짓궂은 질문을 하는 면접관도 있다.

"만약에 당신의 그런 마음에도 불구하고 우리 회사에서 당신을 뽑아주지 않는다면 어떻게 하겠습니까?"

이런 질문에 면접자들은 보통 이렇게 대답한다.

"아직 부족한 부분이 있다는 뜻으로 알고, 더욱 준비를 해서 재도전하겠습니다."

어떤가? 비교적 평탄한 대답이라 생각되는가? 그러나 이 대답을 들은 면접관은 이렇게 생각한다.

'준비? 준비나 계속한다고?'

평범해 보이는 이런 대답은 사실 본인 스스로가 현재 준비가 덜 되었음을 시인하는 것이고, 본인 스스로 낙제점을 주고 있는 것과 같다. 어떤 질문에도 평범함으로 넘어갈 생각을 하면 안 된다. 당신은 늘 특별한 사람이어야 한다. 다음 대답을 보자.

○○○ 외람된 말씀이지만, 저는 단 한 번도 ○○항공에서 낙방하리라는 생각은 하지 않았습니다. 왜냐하면, 저는 그동안 ○○항공만을 바라보며 ○○항공에 맞는 인재가 되기 위해 ○○항공의 인재상을 연구해왔기 때문입니다. ○○항공

의 인재상은 글로벌한 인재, 배려 깊은 인재라고 알고 있습니다. 그래서 저는 그동안 글로벌한 인재가 되기 위하여 영어는 물론이고 중국어와 일본어까지 공부하였으며, 특히 중국어의 경우에는 중국어 능력 표준화 고시인 신HSK 6급을 획득했습니다. 또한 매주 토요일마다 집 근처에 있는 장애우 시설을 찾아 빨래 봉사와 놀이 봉사를 하고 있습니다. 처음에는 힘들고 낯설었지만 몸이 불편한 그들에게 제가 미약하나마 도움이 된다는 생각에 삶의 충만함을 느낍니다. 타인을 배려한다는 것의 기쁨을 알게 된 것입니다. 저는 ○○항공이 원하는 인재상이 되기 위해 그 누구보다 노력해 왔다고 자부할 수 있습니다. 저를 ○○항공의 승무원으로 뽑아주신다면 입사한 이후에도 자기 계발을 게을리하지 않고 늘 성장하고 발전해 나가는 승무원이 되어 글로벌한 인재, 배려 깊은 인재에 손색없는 ○○항공의 일원이 되기 위해 노력하겠습니다.

누구에게나 노력과 고생은 피와 땀으로 점철되어 있다. 그것을 그냥 버려서는 안 된다. 드러낼 줄 알아야 하며 절절해야 한다. 입사에 대한 간절한 마음이 면접관에게 전달되었을 때 결과는 좋아질 수밖에 없다.

8. 연기 연습을 하라

"자, 목소리 더 크게, 더 자신감 넘치게, 목소리 더 높여서 해 봅시다!"
면접 수업을 할 때 내가 학생들에게 자주 하는 말이다.
의외로 꽤 많은 학생들이 목소리를 작게 내고 웅얼거리거나 말끝을 흐린다. 듣는 입장에서는 당연히 자신감 부족으로 보이고 하는 말의 신뢰성마저 떨어진다. 의사소통의 기본은 상대방에게 정확하게 나의 메시지를 전달하는 것이다. 한 글자 한 글자 또박또박 큰 소리로 자신감 있게 말하는 것을 연습해야 한다.

그런데 내가 아무리 말해도 처음만 좋다가 말미로 가면서 다시 목소리가 기어들어가고 목소리 톤도 내려간다. 그래서 난 학생들에게 이렇게 주문을 한다.

"지금부터 넌 내성적이고 여성적이며 목소리가 작고 자신감 떨어지는 김은정이 아니야. 이제부터 너는 자신감이 넘치는 목소리를 지닌 김은정이 되는 거야. 그래서 너의 목소리는 저 벽에 가서 꽂히게 될 거야. 그리고 이제부터 너의 표정은 꽃이 활짝 피는 모습처럼 밝게 웃는 거야. 무척 행복한 사람의 얼굴을 표현하는 거지. 지금부터 그렇게 연기해 보자. 이제까지의 너의 모습은 모두 버리고, 새로운 김은정의 모습으로 연기해봐. 알겠지?"

그러면 정말 신기하게 학생들은 곧잘 하기 시작한다. 무조건 목소리 톤과 자세를 바꾸기를 요구할 때는 쉽게 바뀌지 않던 학생들에게 연기 수업을 병행하면 이렇게 효과가 좋다.

표정과 친절함도 마찬가지이다. 물론 타고난 것 자체가 웃는 인상에 친절한 말투를 가진 사람도 있다. 그럼 천성이 내성적인 사람, 목소리가 작은 사람, 표정이 밝지 않은 사람들은 절대 승무원이 되지 못하는 것일까? 아니다. 이 또한 연습으로 그 누구든 변화할 수 있다.

나는 연기가 곧 학습이라고 생각한다. 평소에도 늘 웃는 표정으로 가족들과 친구들, 지인들을 대하고 마치 당신이 이미 승무원이 된 것처럼 주위 사람들에게 친절하게 대하라. 마치 '승무원 놀이'를 하듯이 말이다. 그 승무원 놀이가 당신의 삶 속에 들어왔을 때 당신은 어느새 친절한 승무원이 되어 있을 것이다.

지속적으로 자신에게 주문을 걸고 연기를 하듯 당신 자신을 변화시켜야 한다. 본래의 당신을 변화시키기 위해서는 반복이 필수 조건이다.

한국의 어머니, 연기의 신 김혜자 선생도 같은 대사를 만족할 때까지 수백 수천 번 반복한다 하지 않는가.

9. 본인의 단점을 포장하라

면접에서 가장 흔하게 받는 질문이 무엇일까? 이 질문은 면접이라는 것이 생긴 이후로 면접장의 그 누구도 벗어난 적이 없는 질문이기도 하다. 바로 "본인의 장점과 단점을 말해보시오."이다.

이 흔하디흔한 질문은 사실 가장 대답하기 어려운 질문이기도 하다. 자신의 장점과 단점에 관해 잘 안다는 것은 그만큼 스스로 자신을 객관화할 수 있는 사람이라는 말이기도 하다. 사람은 일반적으로 자기 자신을 객관적으로 보기 힘들다. 나이가 들어도 마찬가지이다. 그래서 이 질문에 대한 답변은 언제나 어려운 것이다. 그렇다고 하더라도 면접장에 들어가기 전에는 반드시 이 질문에 대한 답을 정리해 놓고 있어야 한다.

정리할 때 요점은 단점을 있는 그대로 말하면 안 된다는 것이다. 몇몇의 경우에는 이런 걱정도 하지 않은 채 순수하게 본인의 단점을 소상하게 밝히는 경우도 있다. 솔직한 게 죄는 아니지만 안타까운 노릇이다. 아니, 죄가 있어야 벌을 받듯 불합격이라는 벌을 받았으니 솔직한 게 죄라면 죄일 수도 있겠다.

단점 중에서도 말해도 되는 단점과 말해서는 안 될 단점이 있다. 예를 들면, 승무원 채용에 면접을 보는 지원자가 본인의 단점을 '게으름'이라고 말한다면 제 무덤을 파는 격이다. 승무원의 경우 시간 엄수는 목에 칼이 들어와도 지켜야 하는 항목이다. 비행기는 지각한 당신을 기다려 주지 않는다. 수많은 승객들을 당신 때문에 기다리게 할 수 없기 때문이다. 나의 경우는 승무원 시절 새벽 비행이 있을 때면 알람을 3개씩 맞춰놓고 잠자리에 들기도 했다. 비행이 없는 지금도 여전히 비행시간에 늦는 악몽을 꾸고는 깜짝 놀라 깨곤 한다. 그 정도로 시간 엄수는 승무원에게는 필수조건이다.

그렇다면 단점을 어떻게 말해야 할까. 가장 좋은 방법은 장점으로 승화가 가능한 단점을 말하는 것이다.

○ ○ ○ 저는 좀 수다스러운 게 단점입니다. 친구들끼리 모이면 매일 저 때문에 시끄럽다고 저에게 조용히 좀 하라고 면박을 주기도 합니다. 그러나 저는 이것이 나쁘다고만 생각하지 않습니다. 저는 수다스럽지만 친근합니다. 그래서 처음 보는 승객에게도 말을 잘 붙일 수 있습니다. 제 이런 점은 지루한 장거리 비행에서도 손님들을 지루하지 않게 비행하실 수 있도록 도와드려야 하는 승무원에게

있어서는 장점이 아닐까 생각합니다. 언제나 손님들에게 먼저 다가설 줄 아는 친근하고 살가운 ○○항공 승무원이 되겠습니다.

본인의 장점 중 어떤 장점을 말하는 것이 본인의 직업에 가장 어울릴지, 단점 중 어떤 단점을 장점으로 승화시켜 말하는 것이 본인에게 플러스가 될 수 있을지 심사숙고해야 할 것이다.

자, 노트 한 권을 펼치고 자신의 장단점을 적어 보자. 그리고 그 장점과 단점이 왜 생겼는지, 승무원 생활을 하면서 어떻게 극복하고 더 활성화시킬 수 있을지 적어보자.

10. '해피 바이러스'는 이제 그만

"도대체 지원자들의 대답이 왜 그렇게 똑같은지 모르겠어요. 같은 학원에서 배워서 그런 건지, 아니면 인터넷 카페에 떠돌아다니는 그런 얘기들을 베껴서 말하는 것인지 똑같은 이야기로 답변하는 친구들이 너무 많아요. 이런 면접자가 하루에 수십 명이라니까요. 진실성이 없다는 것이 단번에 티가 나죠."

우리나라 7개 항공사의 면접관이 다 똑같이 이 말을 한다. 이런 현상이 일어나는 것은 인터넷 탓이 아니다. 노력의 부족이자 상상력의 부족이다. 쉽게 답을 얻으려는 욕망을 버려야 한다. 따라서 이 책에 나온 답안을 그대로 사용해서도 안 된다. 왜냐하면 이 책을 보고 당신과 같이 면접을 보는 사람도 분명히 있을 것이기 때문이다.

나는 면접관에게 또 다른 질문을 해 보았다.

"도대체 어떤 말들이 그렇게 거슬려요?"

"자기 별명이 '해피 바이러스'래요. 도대체 해피 바이러스라는 말은 어디에서 나온 것인지, 면접을 보는 지원자 중 상당수가 자기가 해피 바이러스라고 이야기를 하더라고요. 그러면 저는 속으로 이렇게 말하죠, '또 저거야?'라고요."

또 다른 면접관은 같은 질문에 이런 말을 했다.

"비행기에서 아팠던 경험이 있는 사람은 왜 이렇게 많았던 거예요? 다들 비행기에서 아팠는데 승무원이 약을 주고 잘 보살펴줘서 정말 고마웠고, 그래서 승무원이 꿈이 되었다고 하네요. 실제로 비행기에서 그렇게 아팠을까 의문이 들어요. 그리고 승무원이 약 한 번 주었다고 그게 본인 인생의 꿈이 되나요?"

실제로 항공사 면접장에서의 답변을 들어보면, 100명에게 같은 질문을 했을 때 답변의 내용이 90% 비슷하게 나온다. 즉 틀에 박힌 대답 안에서 본인의 창의성이 결여된 답변을 하게 되는 것이다.

예를 들어, "승무원이 되고 싶은 이유가 무엇입니까?"라는 질문을 받았다고 치자.

"승무원을 하면 해외에 많은 문화를 접할 수 있고, 외국인들의 다양한 모습을 보고 배우며 글로벌한 인재로 성장할 수 있기 때문입니다."

"저는 어렸을 때부터 잘 웃고, 주위 사람들과 쉽게 친해질 수 있는 장점이 있습니다. 그래서 부모님과 선생님께서 승무원이라는 직업을 추천해 주셨습니다."

보통 이런 답변을 한다. 그러나 지루할 뿐만 아니라 인상에도 남지 않는다. 이런 남들과 똑같은 대답을 해서는 절대 면접관의 귀와 마음을 사로잡을 수 없다.

면접에서 좋은 성과를 내기 위해서는 나만의 색깔을 표출할 줄 알아야 한다. 따라서 당신은 면접관과 입장을 바꾸어 생각해 볼 필요가 있다. 바로 '면접관이 얼마나 지루하고 피로할까?'라는 고민도 함께해 보아야 한다.

국내 항공사 객실 승무원 공채 시험에는 적게는 수천 명에서 많게는 수만 명까지 몰린다. 그런데 그 수만 명에서 정작 뽑히는 인원은 백 명이 채 되지 않는다. 적어도 경쟁률이 100대 1은 족히 넘는다고 봐야 한다. 그렇다면 1명을 뽑기 위해 100명의 면접을 봐야 한다는 말이 된다. 하루 동안 100명의 지원자의 면접을 보아도 1명을 뽑을까 말까 한 상황에서 당신은 어떤 방법으로 면접관의 뇌리에 남을 것인가.

외모에서 3초 만에 상대방을 제압하고 시선을 끌 자신이 있는가? 아마 그 누구도 자신 있게 그렇다고 말할 수는 없을 것이다. 우리나라에서 손꼽히는 미인이 아니고서야 순식간에 상대방에게 외모로 어필한다는 것은 힘든 일이다. 사실 외모만으로 되는 것이 아니라고 앞에서도 언급했다. 그렇다면 어떻게 면접관을 매료시킬 것인가? 바로 당신의 면접 답변이 핵심이다.

"왜 승무원이 되고 싶은 거죠?"에 대한 답을 해보자.

○○○ 제 가족이 살아남을 수 있는 단 하나의 방법은 바로 제가 승무원이 되는 것이기 때문입니다. 아버지의 사업실패로 집까지 처분되어, 사실 저희 가족은 지금 뿔뿔이 흩어져 살고 있습니다. 그래서 대학을 졸업하면 제가 아마도 가장의 역할을 해야 할 것 같습니다. 제가 가장의 역할을 하면서 가장 먼저 하고 싶은 것은 우리 가족 모두가 같이 아침밥을 먹을 수 있는 집을 마련하는 것입니다. 집을 사려면 돈이 많이 있어야 하는데 저에게는 그럴만한 능력이 없습니다. 그런데 저희 교수님께서 저의 이런 사정을 아시고, 승무원이라는 직업을 추천해 주셨습니다. 승무원이 되면 월급도 많이 탈 수 있고, 또 남에게도 기쁨을 주면서도 저 자신도 기쁘게 일할 수 있는 직장이 될 거라고 말씀해 주셨습니다. 또한 제 생각에도 제가 잘할 수 있는 일이며 일하면서도 보람을 느끼고 즐겁게 할 수 있는 일이라고 생각했습니다. 면접관님, 남에게는 이 직업이 단순히 일할 수 있는 여러 기회 중 하나일지 모르겠지만 저에게는 저희 가족 모두의 안정과 미래가 달린 절박한 단 한 번의 기회입니다. 저를 만약 ○○항공의 승무원으로 뽑아주신다면 보은의 심정으로 남들보다 백배 천배 정말 열심히 최선을 다해 일하도록 하겠습니다.

이 답안은 물론 예시로 든 경우이다. 모든 사람이 이러한 환경이나 경험을 갖지 못할 것이다. 그러나 이러한 예를 든 것은 남들과는 다른 패턴의 대답을 준비해야 한다는 것을 강조하기 위해서이다.

나의 성공이 단순히 나의 꿈의 실현이기보다는 가족의 안녕, 혹은 더 넓은 차원의 행복을 위해서라면 단지 해외여행도 많이 할 수 있어서 좋고 외국 문화를 많이 익힐 수 있어서 좋다는 답변과는 격이 달라진다. 또한 고객을 가족처럼 사랑하는 마음이 우선인 승무원을 뽑기 위한 자리에서 본인을 배려와 따뜻한 마음을 갖춘 사람으로 비쳐지게 하는 답변이기도 하다.

실제 항공사 면접관이 기억에 남는 최고의 답변이라고 했던 뒤늦게 승무원이 된 지원자의 이야기를 이번 지면을 빌어 그대로 전한다.

"혹시 기억에 남는 지원자가 있나요?"

"특이한 경력이 있는 친구가 있었어요. 지원서를 보니 교육대학을 졸업했더라고요. 보통 교대를 나오면 교사를 하잖아요. 그런데 승무원을 하겠다고 왔으니 궁금했죠. 그래서 왜 승무원이 되려고 하냐고 물었어요. 그럼 거의 답변은 처음부터 끝까지 '원래 저의 어렸을 때부터의 꿈이었습니다'로 우기죠. 그런데 이 친구의 대답은 달랐어요. 원래는 승무원에 전혀 관심도 없었는데, 대학교 4학년 때 교생실습을 경험한 후 교사가 정말 본인의 적성과 맞지 않는다는 걸 알게 되었다는 거예요. 그러던 찰나에 고등학교 동창인 친구가 승무원 시험을 준비한다고 하길래 얼떨결에 같이 공부를 시작하게 되었는데 알면 알수록 승무원에 흥미가 생기더라는 거예요. 승무원 일만 생각하면 너무 흥분되고 즐겁다고 하더군요. 실제로 그 말을 하면서도 작위적이지 않은, 정말 즐거운 표정을 짓더군요. 진심이 느껴지더라고요. 그리고 한 마디를 덧붙였어요. 남들보다 늦게 준비했지만 본인 스스로 정말 잘해낼 수 있는 직업이라고 생각한다고. 그리고 부모님이 지금은 반대하시지만 본인이 즐겁게 일하는 모습을 보시면 언젠가는 꼭 이해해주시고 응원해 주실 거라고 믿는다고요. 그렇게 솔직히 말해주니 같이 파이팅해 주고 싶더군요. 그래서 뽑았죠."

만 명에 가까운 사람이 판에 박힌 대답을 하고 시선을 끌지 못하고 있을 때 나만의 스토리텔링으로 위와 같은 대답을 하는 사람이 있다면, 당연히 면접관은 고개를 들어 다시 한 번 당신을 보게 될 것이다. 그리고 당신의 이야기에 관심을 기울일 것이다.

내가 어떤 모습의 사람으로 보이고 싶은지를 생각하고, 나만의 유일무이한 대답을 끌어내도록 하자. 명심하라! 다른 사람의 정답이 나의 정답이 될 수 없다!

11. 순발력이 당신을 살린다

나는 통찰력이 있는 사람이 제일 부럽다. 한 단어, 한순간의 내용만 보고도 전체를 더듬을 수 있는 안목은 아무에게나 주어지는 것이 아니다. 세상을 더 알아가다 보면 나에게도 언젠가는 그런 능력이 생길까? 모르겠다. 자신할 수 없는 부분이다.

기업은 자신들이 뽑을 새내기에게 통찰력까지 바라지는 않는다. 그야말로 소수만이 가지고 있는 능력이기 때문이다. 통찰력이 없다면 대신 우리는 순간순간 대처하는 순발력을 높여야 한다. 그래야 살아남을 수 있다.

금융 부채를 키우는 악순환의 고리가 바로 '신용카드 돌려막기'다. A 카드로 결제할 금액을 B 카드 현금서비스나 대출로 지불하고, 또 B 카드로 결재할 금액은 C 카드 현금서비스나 대출로 마련하여 지불하고, C 카드의 카드 연체대금은 A 카드 현금서비스나 대출로 마련하여 지불하는 식. 이 방식은 신용불량자의 길로 들어서는 고속도로나 다름없다.

그러나 면접에서 '돌려막기'는 매우 효율적인 방법이 될 수 있다. 또한 순간순간을 대처하는 능력을 높이기에 안성맞춤이다. 쉽게 설명하기 위하여 예를 들도록 하겠다.

'본인만의 강점은 무엇입니까?'라는 질문과 비슷한 질문은 '본인의 장점은 무엇입니까?', '스스로 판단할 때 남보다 더 나은 점은 무엇이라 생각합니까?' 등이 될 것이다. 그러나 이렇게 비슷한 질문 말고 아예 다른 답변이 나올만한 질문이라도 이미 준비한 답변을 조금만 변형하여 활용할 수 있다. 예를 들어 항공사 승무원 면접에서 자주 하는 다음 질문과 대답을 살펴보자.

"서비스 관련 아르바이트나 봉사활동을 해 본 경험 있나요?"

○ ○ ○ 네, 저는 봉사활동의 경험이 있습니다. 저희 아버지가 목사이셔서 어렸을 때부터 부모님을 따라 해외선교부터 농촌 봉사, 장애우 시설 봉사, 양로원 봉사 등 다양한 활동을 통해 자연스럽게 남을 먼저 배려하는 정신을 키웠습니다. 또한 대학교 입학 후에도 교회 봉사 동아리 활동을 누구보다 꾸준히 해왔다고 자부할 수 있습니다. 제가 ○○항공사 승무원이 되어서도 항상 승객에게 봉사한다는 마음으로 서비스를 한다면, 제가 일하는 시간이 노동을 하는 시간이 아닌

남에게 행복을 전달하는 소중한 시간이 될 수 있을 것이라 믿습니다. 저의 편의보다는 승객들의 편안함을 먼저 생각하고 비행시간 동안 혹시 불편해 하시는 승객은 없는지 꼼꼼히 살피는 승무원이 되겠습니다.

"이제까지의 삶 중에 가장 행복했던 시간은 언제였나요?"

○○○ 저의 인생에서 가장 행복했던 시간은 바로 제가 봉사활동을 하던 시간입니다. 저희 아버지가 목사이셔서 어렸을 때부터 부모님을 따라 해외선교부터 농촌 봉사, 장애우 시설 봉사, 양로원 봉사 등 다양한 활동을 통해 자연스럽게 남을 먼저 배려하는 정신을 키웠습니다. 또한 대학교 입학 후에는 교회 봉사 동아리 활동을 누구보다 꾸준히 해왔다고 자부할 수 있습니다. 제가 ○○항공사 승무원이 되어서도 항상 승객에게 봉사한다는 마음으로 서비스를 한다면, 저는 아마도 가장 행복한 승무원이 돼 있을 것입니다. 저의 이 같은 장점을 살려 저의 편의보다는 승객들의 편안함을 먼저 생각하고 비행시간 동안 혹시 불편해 하시는 승객은 없는지 꼼꼼히 살피는 승무원이 되겠습니다.

"승무원이 되지 않는다면 어떤 직업을 선택할 것 같아요?"

○○○ 승무원이 아닌 다른 직업은 한 번도 생각해 본 적 없지만, 굳이 이 외의 직업을 가진다면 해외선교사입니다. 저희 아버지가 목사이셔서 어렸을 때부터 부모님을 따라 해외선교부터 농촌 봉사, 장애우 시설 봉사, 양로원 봉사 등 다양한 활동을 통해 자연스럽게 남을 먼저 배려하는 정신을 키웠습니다. 또한 대학

교 입학 후에는 교회 봉사 동아리 활동을 누구보다 꾸준히 해왔다고 자부할 수 있습니다. 제가 ○○항공사 승무원이 되어서도 항상 승객에게 봉사한다는 마음으로 서비스를 한다면, 제가 일하는 시간이 노동을 하는 시간이 아닌 남에게 행복을 전달하는 소중한 시간이 될 수 있을 것이라 믿습니다. 무엇이 되는 것보다는 어떻게 사느냐가 더 중요하다고 생각합니다. 저의 편의보다는 승객들의 편안함을 먼저 생각하고 비행시간 동안 혹시 불편해 하시는 승객은 없는지 꼼꼼히 살피는 승무원이 되겠습니다.

"본인만이 생각하는 서비스 마인드가 있나요?"

○ ○ ○ 제가 생각하기에 고객에게 봉사의 마음으로 다가서면 최고의 서비스가 될 것으로 생각합니다. 봉사란 받는 사람과 주는 사람 모두에게 행복한 일이기 때문입니다. 저희 아버지가 목사이셔서 어렸을 때부터 부모님을 따라 해외선교부터 농촌 봉사, 장애우 시설 봉사, 양로원 봉사 등 다양한 활동을 통해 자연스럽게 남을 먼저 배려하는 정신을 키웠습니다. 또한 대학교 입학 후에는 교회 봉사 동아리 활동을 누구보다 꾸준히 해왔다고 자부할 수 있습니다. 제가 ○○항공사 승무원이 되어서도 항상 승객에게 봉사한다는 마음으로 서비스를 한다면, 저는 아마도 가장 행복한 승무원이 돼 있을 것입니다. 저의 이 같은 장점을 살려 저의 편의보다는 승객들의 편안함을 먼저 생각하고 비행시간 동안 혹시 불편해 하시는 승객은 없는지 꼼꼼히 살피는 승무원이 되겠습니다.

질문은 다르지만, 제대로 된 하나의 스토리가 있다면 이처럼 어떤 질문에든 활용이 가능하다. 사실 대부분 20대 전·후반의 응시생들에게 다양한 인생 경험이 있을 리 없다. 있다고 해도 아주 소수에 불과하다.

그렇기에 나만큼이나 평범한 당신이라도 다양한 질문에 어떻게 대처해야 할지를 두고 너무 스트레스를 받을 필요는 없다. 자신의 인생 중에 스토리가 될 만한 것은 연결시킬 수 있는 질문에 모두 활용하면 된다. 여기서 필요한 것은 통찰력이 아니다. 순발력이다. 당황하지 말고 인과관계를 생각해 연결시키는 연습을 하면 된다.

12. 재치는 부족한 경험을 메워준다

항공사 면접 시 기내에서 발생 가능한 상황을 제시하고 해결책에 관해 묻는 경우가 있다. 예를 들면, "어린아이가 신발도 벗고 맨발로 통로를 마구 뛰어다녀서 주변 사람들이 항의를 한다면?", "승무원이 마음에 든다고 명함을 요구한다면?", "갑자기 승객이 좌석에 구토를 한다면?", "라면이 없는데 라면을 끓여달라고 한다면?" 등이다.

사실 이런 상황은 실제 비행을 하는 승무원들에게도 난감하기는 마찬가지이다. 더욱이 유니폼을 입고 비행기를 한 번도 타 보지 못한 지원자가 어떻게 정답을 말할 수 있겠는가? 그리고 이러한 기내상황에는 정답이란 없다. 최선의 답만 존재할 뿐이다. 그 최선의 답이란 회사 규정에 어긋나지 않는 한도 내에서 승객의 만족을 최대한 높일 수 있는 방법이다. 정형화된 답을 찾으려 하지 말고, 오히려 재치 있는 아이디어를 내놓은 것이 더 좋은 점수를 받는 길이다.

"어린아이가 신발도 벗고 맨발로 통로를 마구 뛰어다녀서 주변 사람
들이 항의한다면 어떻게 대처하시겠습니까?"

○○○ 무턱대고 보호자에게 가서 뛰어다니는 애 좀 잡아달라고 말하면 요즘
어머니들은 오히려 화를 내실 수도 있을 것 같습니다. 그래서 저라면, '손님, 아
이가 정말 활발해서 보기 좋네요. 비행기를 낯설어하지도 않고 기특합니다. 그
런데 저는 한편으로는 너무 걱정돼요. 저희가 항상 청소기로 바닥 카펫 청소하
지만 혹시라도 바닥에 날카로운 조각이라도 있다면 정말 큰일이잖아요. 그리고
넘어져서 다칠까 봐 염려돼요. 어머님, 수고스러우시겠지만 아이를 좌석에 앉혀
주시고 벨트를 좀 매어 주시겠어요? 우리 아이의 안전을 위해서 꼭 부탁드릴게
요.'라고 말씀드리겠습니다. 다른 승객이 항의해서가 아니라 아이의 안전을 위
한 것이라고 강조한다면 보호자도 흔쾌히 제 말을 따라 주실 거라 생각합니다.
회사의 규정을 잘 지키면서도 고객에게도 친절하고 살가운 서비스를 하는 ○○
항공의 승무원이 되겠습니다.

"갑자기 승객이 좌석에 구토를 한다면 어떻게 하시겠습니까?"

○○○ 저는 재빨리 물수건을 가지고 그 승객 앞에 서도록 하겠습니다. 그래
서 다른 승객들이 구토물을 보지 못하도록 제 몸으로 막겠습니다. 그리고 승객
을 청결하게 닦으실 수 있도록 화장실로 안내를 도와드리고 그동안 제가 좌석을

깨끗하게 치워드리도록 하겠습니다. 그리고 혹시라도 냄새가 날지 모르니, 제가 가지고 다니는 향수를 그 좌석 주위에 뿌려 다른 승객들이 불편함이 없도록 하겠습니다. 또한 그 승객이 편찮으신 곳은 없는지 상세히 여쭤본 후 적절한 약을 챙겨서 드리고, 항공기가 도착할 때까지 지속적으로 고객을 보살피도록 하겠습니다. 언제나 궂은일을 마다치 않는 성실한 승무원이 되도록 하겠습니다.

위의 답변이 100% 정답이라고 외우지 말고 그 센스와 재치를 익히자. 이 글을 읽는 여러분이 나보다도 훨씬 더 좋은 아이디어로 답변을 내놓을 수도 있다. 다시 한 번 말하지만, 면접의 답변에는 정답이란 없다. 그리고 면접관들도 승무원으로 완벽하게 준비된 인재를 뽑기보다는 기본적인 센스와 소양을 가지고 있기를 바랄 뿐이다. 그러므로 실제 승무원 같은 대답을 바라는 것이 아니니 너무 부담을 갖지 말자. 역지사지의 마음으로 생각하면 센스 있는 답은 쉽게 나올 것이다.

13. 이미지 합격법

국내 대형 항공사의 취업면접을 본 한 제자의 이야기를 하겠다. 항공사 승무원의 꿈과 열정이 워낙 강한 학생이었기에, 승무원 면접 준비도 철저하게 준비했던 학생이었다. 그리고 실제로 면접을 보러 가기 전에 "교수님, 저는 왠지 이번에 딱 붙을 거 같아요! 왠지 느낌이 좋다니까요!"하며 자신 있어 하던 학생이었다. 그런데 막상 면접을 보고 나서는 그 학생은 완전히 풀이 죽어 있었다.

"왜, 면접이 신통치 않았어?"

"교수님, 저 완전 오늘 병풍이었어요!"

"병풍? 그게 무슨 소리야?"

"면접관들이 저는 제대로 쳐다보지도 않고 저한테는 질문도 별로 안 하시더라고요. 저 그냥 우두커니 서 있다가 온 것 같아요."

면접관에게 전혀 이목을 끌지 못하고, 질문도 못 받은 들러리, 병풍이었다는 것이다.

"그래서 설마 면접장에서 의기소침해 있었어?"

"아니요, 교수님께서 끝까지 무슨 일이 있어도 웃으라고 말씀하셨잖아요. 낭랑한 목소리로 대답하고 끝까지 싱글벙글 웃으면서 있었죠."

"그래, 그럼 된 거야! 걱정하지 마. 넌 될 거야."

난 확신하며 말해 주었다. 좀 어려운 문제지만 면접관이 질문을 많이 하지 않는 유형은 두 가지이다. 입사지원서를 보고 실제 지원자와 이야기를 나누며 목소리를 듣고 호감도가 급상승하여 바로 합격 판정을 내린 경우와, 막상 면접을 보았는데 지원서를 보고 생각했던 것보다 실망하여 탈락시키는 경우이다. 면접 답변에는 내용도 중요하지만 목소리도 승무원의 당락을 결정짓는 중요한 요소가 된다.

전 세계 모든 사람의 얼굴이 전혀 다르듯, 목소리 또한 전 세계인이 다르다. 고음의 목소리, 허스키한 목소리, 중저음의 목소리, 콧소리가 나는 목소리, 너무 작거나 큰 목소리 등 사람마다 특성이 있기 마련이다.

대화 소통 중 상대방에 대해 느끼는 이미지는 시각이 55%, 청각이 38%, 언어가 7%에 이른다는 연구결과가 있다. 이는 '메라비언의 법칙(The Law of Mehrabian)'이라고 하는데, 미국 캘리포니아대학교 로스앤젤레스캠퍼스(UCLA) 심리학과 명예교수인 앨버트 메라비언(Albert Mehrabian)이 1971년에 발표한 것으로 대화 소통 이론에서 중요시되는 이론 중의 하나이다. 시각 이미지는 자세나 용모, 복장, 제스처 등 외적으로 보이는 부분을 말하며 청각은 목소리의 톤이나 음색(音色)을 말하고 언어는 말의 내용을 말한다.

이 이론에서 가장 눈여겨 볼 부분은 우리가 대화를 통하여 상대방에 대한 호감도를 느끼는 데에 말의 내용은 7%로 그 영향이 의외로 미미하다는 것이다. 반면, 말을 할 때의 태도나 목소리, 표정 등 내용과 직접적으로 관계가 없는 요소가 93%를 차지한다는 것이다. 따라서 표정, 바른 자세와 같은 시각적인 이미지와 음색과 같은 청각적인 이미지가 매우 중요한 부분을 차지한다고 할 수 있겠다.

그러므로 당신은 상대방에게 호감이 가는 목소리, 신뢰감을 줄 수 있는 목소리를 만들기 위해 훈련을 해야 한다. 자신감 넘치는 인상을 주기 위해서는 작은 목소리보다는 큰 목소리를, 신뢰감을 주기 위해서는 높은 톤보다는 중간 톤의 목소리를 내는 것이 좋다.

목소리가 작은 경우, 자신감이 없어 보이고 소극적으로 보인다. 당당한 목소리로 대답하게 되면 본인에게 주어진 일이 무엇이든 척척 잘해낼 거라는 믿음을 준다. 그리고 낮은 톤의 목소리보다는 중간 톤 이상의 목소리가 좋다. 중간 톤 이상의 목소리란 음계(scale, 音階) 중 '솔'

에 해당하는 음이라고 보면 이해가 쉬울 것이다. 공식적인 자리에서의 speech의 경우에는 '미' 정도의 음에서 나오는 목소리가 상대방에게 신뢰감을 주고 안정감을 줄 수 있으며, '솔' 정도의 음에서 나오는 목소리는 상대방에게 경쾌하고 밝은 느낌을 준다.

그래서 나는 학생들에게 목소리 톤에 관한 강의를 할 때 모르는 사람이 보면 마치 음악 수업인 줄 알 정도로 목소리의 톤 맞추기 연습을 한다. 무조건 고음으로 한다고 해서 상대방에게 밝게 들리는 것은 아니니 무조건 목소리를 높이려고만 해서는 안 된다. 타고난 본인의 목소리가 중저음의 '레'에 해당한다면 조금 목소리를 띄워 밝은 이미지를 주는 것이 좋다.

또한 사람마다 언어 습관이 있는데 말끝을 흐리거나, 웅얼웅얼 목소리를 밖으로 내뿜지 못하거나, 혹은 초등학생들처럼 문장 전체에 음율을 만들어 유아적인 어투로 면접을 보는 지원자들도 많다. 이는 반드시 고쳐야 할 습관이다. 이 습관을 고치기 위해서는 본인의 목소리를 녹음해서 들어보는 것이 좋다.

병풍처럼 서 있다가 왔다는 그 학생의 면접 최종 결과는 어떻게 되었을까? 당당히 합격했다. 그러니 질문을 많이 받지 못하고 주목 받지 못했다고 해서 면접결과가 나오기 전까지는 스스로 의기소침해 있을 필요가 없다. 이에 관한 면접관의 이야기를 들어보겠다.

"첫 질문의 답을 하는 걸 보면, '이 사람은 된다, 안 된다'가 딱 나와요. 그럴 경우 그 이후에 질문도 추가로 잘 하지 않아요. 이미지가 워낙 좋으면 질문 하나만 던지고 문제가 없으면 합격 점수를 주거든요. 오히려 긴가민가한 사람에게는 질문을 많이 하죠. 그리고 아예 안 될 사람 한테도 질문은 평균 이상으로 해 주죠. 소외감 느끼면 안 되니까요."

당당한 자세와 밝은 목소리는 그냥 나오는 것이 아니다. 자신감이다. 평소 준비하고 훈련해 온 사람만이 가질 수 있는 자신감에서 발현되는 모습이다. 바로 당신이 만들어 나가야 하는 모습이다.

14. 목소리 강약 조절법

승무원 면접 시에는 무조건 웃고, 밝은 목소리로 답변해야 하는 것만은 아니다. 답변의 내용에 따라 예외도 있을 수 있다. 왜냐하면 답변의 내용에 따라 전달하는 감정이 다르므로 수시로 표정을 바꾸는 응용 능력도 필요하다.

면접관이 이런 질문을 한다고 가정을 해 보자. "당신이 만약 합격한다면 가장 먼저 누구에게 그 사실을 알리겠습니까?"

○ ○ ○ 감사하게도 저를 만약 합격시켜 주신다면, 저의 할머니께 가장 먼저 말씀드리겠습니다. 저는 어렸을 적부터 부모님께서 서로 다른 지방에서 맞벌이를 하시는 바람에 할머니의 손에서 자라왔습니다. 할머니는 저에게 늘 든든한 후원자가 되어 주셨고, 부모님 없이 자라는 제가 혹여나 친구들에게 놀림이나 받지 않을까 늘 걱정하시면서, 그 누구보다도 강하게 자랄 수 있도록 도와주셨습니다. 엄마가 없는 자리를 할머니가 사랑으로 채워주신 덕분에 저는 다른 사람들보다

더 예의 바른 학생으로 인정받았고, 사춘기 시절에도 비뚤어지지 않을 수 있었습니다. 그런데 안타깝게도 할머니께서는 요즘 몸이 많이 편찮으십니다. 제가 이 항공사 승무원 합격 소식을 전해드린다면, 무척 기쁜 나머지 바로 건강을 되찾으실지도 모르겠습니다. 제가 ○○항공의 승무원이 되어서도 늘 고객을 제 가족처럼, 저희 할머니를 모신다는 마음으로 정성껏 모시는 승무원이 되겠습니다.

이런 답변은 처음부터 끝까지 밝게 웃으며 하면 곤란하지 않겠는가? 답변할 때는 시기적절한 표정의 변화와 목소리 강약에 유의해야 한다. 다음을 보고 표정 변화를 연습해 보자.

감사하게도 저를 만약 합격시켜 주신다면, 저의 할머니께 가장 먼저 말씀드리겠습니다.

> 합격에 대한 감사의 마음을 밝은 표정과 힘을 실은 목소리로 표현한다.

저는 어렸을 적부터 부모님께서 서로 다른 지방에서 맞벌이를 하시는 바람에 할머니의 손에서 자라왔습니다.

> 첫 문장보다 목소리의 톤을 살짝 낮춘다. 표정은 밝게 유지한다.

할머니는 저에게 늘 든든한 후원자가 되어 주셨고, 부모님 없이 자라는 제가 혹여나 친구들에게 놀림이나 받지 않을까 늘 걱정하시면서, 그 누구보다도 강하게 자랄 수 있도록 도와주셨습니다.

> 문장의 내용 중 '강하게 자랄 수 있도록'에 힘을 주어 강조하며 말한다. 표정은 이전보다 20% 정도 진지함이 들어가게 말한다.

엄마가 없는 자리를 할머니가 사랑으로 채워주신 덕분에 저는 다른 사람들보다 더 예의 바른 학생으로 인정받았고, 사춘기 시절에도 비뚤어지지 않을 수 있었습니다.

다시 100% 밝은 표정으로 돌아온다.

그런데 안타깝게도 할머니께서는 요즘 몸이 많이 편찮으십니다.

다시 밝은 표정을 20% 줄이고, 목소리에서도 힘을 살짝 빼며 걱정스러운 어조로 대답한다. 말의 속도도 점점 느리게 한다.

제가 이 항공사 승무원 합격 소식을 전해 드린다면, 무척 기쁜 나머지 바로 건강을 되찾으실지도 모르겠습니다.

다시 밝은 표정으로 돌아와 경쾌하게 말한다.

제가 OO항공의 승무원이 되어서도 늘 고객을 제 가족처럼, 저희 할머니를 모신다는 마음으로 정성껏 모시는 승무원이 되겠습니다.

밝은 표정으로 다짐하듯 천천히 조금 큰 목소리로 '정성껏 모시는 승무원' 부분을 강조하며 마무리한다.

이미 준비한 내용이라서, 또는 한참 지난 일이라서 슬픈 이야기나 기쁜 이야기나 아무 감정 없이 말하게 될 수 있다. 그러나 면접관은 처음 듣는 이야기다. 이렇게 기쁜 내용일 경우에는 더 밝은 표정과 기분 좋은 목소리로, 본인의 의지나 열정을 전달할 경우에는 단호하면서 강하게 어필할 수 있어야 한다. 또한 어두운 이야기나 안타까운 소식을 전할 때는 목소리의 톤도 살짝 낮추고 밝은 표정도 다소 담담한 표정으로 바꾸어 표현할 줄 알아야 한다.

15. 압박면접에도 자신감 넘치게

면접을 보고 돌아온 학생들에게 면접의 결과를 점치기 위해 이런 질문을 한다.

"오늘 어땠어? 면접 잘 본 거 같아?"

이때 항상 나오는 학생들의 대답이 있다.

"교수님, 저 말고 다른 애들은 다 엄청나게 예뻤어요! 저 아무래도 힘들 것 같아요."

이렇게 말하는 학생들은 그들의 말처럼 대부분 낙방한다. 왜일까? 정말 못생겨서일까? 아니다. 바로 자신감 결여 때문이다.

승무원에 대한 수많은 오해 중에 가장 심한 것은 바로 외모에 대한 편견이다. 많은 사람들은 승무원이 되기 위해서는 절세미녀여야 한다고 생각한다. 키도 크고 몸매도 늘씬하고 얼굴도 인형처럼 예쁜 사람이 승무원이 된다고 생각한다. 물론 현직 승무원 중에서 이러한 조건을 다 갖춘 사람들도 있지만, 생각보다 그리 많지는 않다. 실제로 공항에 한 번 나가보시라. 유니폼을 입고 다니는 항공사 승무원을 보면 조각같이 예쁜 사람은 찾아보기 힘들다. 그런 사람들보다는 편안한 인상을 지니고 있으면서도 웃는 얼굴이 예쁜 사람, 항상 밝은 표정을 유지하는 사람이 더 많다. 객실 승무원은 영화배우나 탤런트가 아니다. 승객의 안전을 책임지며 승객들이 편안하게 여행할 수 있도록 보살피는 역할을 하는 사람이다.

한때 '차도녀'라는 말이 유행한 적이 있었다. 이 말뜻은 '차가운 도시

여자'라는 말로 도회적인 분위기에 세련되고 시크한 매력을 가진 여자를 의미한다. 그런데 이런 차가운 이미지는 절대 항공사 승무원과는 맞지 않는다. 아무리 얼굴이 예뻐도 인상이 차갑다면 항공사 승무원 이미지에 어울리지 않는다.

내가 항공사 승무원 시험을 볼 때가 생각난다. 지금으로부터 약 20년 전의 일이기는 하나 그날의 기억이 바로 엊그제 일처럼 또렷하다. 그 당시 나는 21살이었고, 면접을 보던 때는 6월쯤이었다. 그 당시 승무원이라는 직업은 내게는 매우 낯선 직업이었고, 지금처럼 인터넷이 발달한 것도 아니어서 정보를 쉽게 얻을 수도 없었다. 태어나 처음으로 직장을 구하기 위해 면접을 보게 되었고, 그것이 대한항공 승무원이 된 첫걸음이었다.

부모님과 친구에게도 모두 비밀로 했기에 누구에게 도움을 청할 수 있는 상황도 못 되었다. 어려운 가정환경 탓에 옷을 살 수도 없었고, 화장과 머리 모양도 남의 손을 빌릴 수 없었다. 면접을 세 차례 보았는데 1차와 2차 면접에는 친구에게 옷을 빌리고 마지막 면접에는 엄마 옷장에 있는 구닥다리 정장을 몰래 꺼내 입고 나갔다. 물론 화장도 내 손으로 직접하고, 머리도 내가 직접 드라이를 하고 갔다.

그럼에도 불구하고 난 자신이 있었다. 다른 이유는 없다. 정말 열심히 준비했기 때문이다. 그때 나는 면접 노트를 만들어 예상문제와 답변을 한국어와 영어로 빽빽하게 써 내려갔다. 그리고 그 내용을 24시간 중 먹고, 자고, 학교에서 수업 받는 시간을 빼고는 계속 외우며 다녔다. 그 당시 통학버스 요금도 아끼기 위하여 50분가량 되는 거리를 늘 걸어 다니곤 했는데, 마치 정신이상자가 중얼중얼하듯 거리를 걸으면서도 내가 면접관이 되어 질문하고, 또 면접자가 되어 대답했다. 심지어 면접관이 되었을 때와 면접자가 되었을 때 표정과 목소리 톤까지 바꾸며 연습을 했다. 완전한 1인 극이었다. 그렇게 꾸준히 연습하니 내 나름대로 만든 질문은 수백 개에 육박했고, 난 그 모든 질문과 답을 확실히 머릿속에 입력하고 있었다. 그런 연후에야 비로소 자신감이 생겼다.

"나처럼 연습한 사람은 없을 거야. 내가 제일 잘할 거야."

그렇게 자신감 충만하게 면접 대기실로 갔는데, 세상에! 그곳은 항공사 승무원 면접 대기실이라기보다는 미스코리아 선발대회 대기실이었다. 게다가 머리 모양과 화장을 보니 미용실 전문가의 손길이 머리끝부터 발끝까지 느껴졌다. 그 안에서 나는 마치 연예인들 사이에 끼어 있는 일반인의 느낌이었다. 그렇지만 난 여전히 자신감을 잃지 않았다.

'저런 애들은 겉모습에 신경 쓰느라, 면접 연습은 나만큼 못 했을 거야.'

그런데 신기한 것은 기나긴 채용심사가 모두 끝난 후 최종 합격한 동기들이 한곳에 모였는데, 면접 시 보았던 그 모델들은 다 어디로 갔는지, 연예인 같던 친구는 눈을 씻고 찾아봐도 없었다. 그래서 우스갯소리로 우리끼리 이런 얘기를 주고받았다.

"면접실에서 봤던 그 예쁜 애들 다 어디로 갔니?"

남의 떡이 커 보이는 법이고, 나보다 남이 더 예뻐 보이는 법이다. 면접장에 가서 기죽을 것 없다. 길고 짧은 건 대봐야 아는 것이고, 면접은 끝나봐야 아는 법이다.

승무원 면접을 보고 난 후 낙방한 친구들이 하소연하는 것도 바로 이것이다. 면접장에 들어가기 전부터 너무 긴장해서 정작 면접을 보는 내내 표정 관리도 제대로 못 하고 예상한 질문임에도 대답을 제대로 못했다는 것이다. 그런데 신기한 건 면접관들 또한 이 점을 가장 안타까워한다는 것이다. 이미지도 좋고 인상도 좋고 스펙 등 조건도 다 마음에 드는데, 면접장에서 지나치게 긴장해 본인의 모습을 100% 못 보여 주는 지원자들이 있다는 것을 알고 있단다. 하지만 점수를 좋게 줄 수 없다는 것이 그들의 입장이다.

심지어 모 면접관은 이런 얘기까지 했다.

"그렇게 지나치게 떠는 사람을 보면 '과연 저 사람이 승객들한테 제대로 서비스는 할 수 있을까? 손님들이 때때로 컴플레인(complain, 불만 제기)을 할 텐데, 그럴 때 승객 앞에서도 저렇게 버벅대고 말 한마디 못하고 있지는 않을까? 저러다가 울어버리는 건 아닐까?' 같은 생각이 들어 그 사람에게는 좋은 점수를 줄 수 없어요."

승무원은 당당해야 한다. 서비스도 승무원이 주체가 되어 이끌어 가는 것이다. 승객에게 서비스를 베푸는 것이지 승객에게 휘둘리길 바라는 회사는 없다. 승객이 필요한 게 있다면 편안한 비행을 위해 그 해결책을 제시해 주고, 승객이 안전 규정에 어긋나는 무리한 요구를 할 때는 단호하게 거절하고 제압할 줄도 알아야 한다. 당당하고 합리적으로 자기 생각을 조리 있게 말하는 모습을 보여주는 것이 중요하다.

보통 압박질문에 많은 지원자들이 긴장을 한다. 압박질문쯤은 가볍게 넘겨야 한다. 압박질문이란 면접자에게 대답하기 곤란한 질문을 일

부러 하여 스트레스를 주고 난처하게 만드는 질문이다. 압박질문을 하는 이유는 상대방이 얼마나 담대하고 당당한 품성을 지니고 있는 확인하기 위해서다.

항공사는 비행기라는 한정된 공간에서 각종 돌발 상황이 발생했을 때 유연하게 대처하는 승무원을 원한다. 가끔 신문지상이나 언론에서 항공기 내에 진상을 부리는 고객들에 대한 이야기가 기사화되곤 하는데, 기업에서는 그 어떤 경우라도 이것이 컴플레인으로 이어지지 않길 바란다. 화가 난 고객을 안정시킬 줄 알고 안전에 위협이 되거나 다른 고객들에게 피해가 가는 행동을 하는 고객을 절도 있게 제압할 수 있는 당찬 승무원을 원한다.

이에 대비할 수 있는지 여부를 알 수 있는 것이 압박질문이다. 사실 그 의도를 알아도 막상 그런 질문을 받으면 역시 당황스럽기 마련이며 대다수 지원자들은 대답을 잘하지 못할 경우가 많다. 그러나 대답을 제대로 못 했다고 해서 풀이 죽어 있을 필요는 없다. 오히려 압박질문을 받아서 대답을 못 한 이후라면 더욱 밝게 아무 일도 없었다는 듯 생글생글 웃어라. 그러면 면접관은 이렇게 생각할 것이다.

'저 친구 배짱 있네. 제법인데!'

실제로 내가 대한항공 입사 1차 면접 때 좀 당황스러운 상황이 연출된 적이 있었다.

"항공경영과 출신인데, 그 학과에서는 뭘 가르치나요?"

이미 예상했던 질문이었다. 학교 커리큘럼과 교육과정 내용을 이미 줄줄 외우고 있던 터라 준비한 답변을 꼼꼼히 다 말했다. 그런데 면접관 중 한 분의 반응이 의외였다.

"잘못 배웠구먼! 다시 학교로 돌아가 더 배우고 오세요!"

도대체 난 뭐가 잘못된 건지 알 수가 없었다. 밑도 끝도 없이 무조건 잘못 배웠다고 역정을 내니 당황스러웠다. 면접관은 그 이후에도 눈길 한번 주지 않으셨다. 그래도 난 무너질 수 없었다. '내가 여기까지 어떻게 올라왔는데 내가 이걸 놓쳐? 끝까지 아무렇지 않은 척 웃자!'라며 독하게 마음먹고 면접이 끝날 때까지 죽어라 미소를 잃지 않으려 노력했다. 그 모습이 측은했던 건지 옆에 앉아 있던 다른 면접관이 날 쳐다보며 빙그레 같이 웃었다. 그래서 나도 그분과 눈을 마주치며 또 한 번 더 크게 미소를 지어 보였다.

지금 생각해 보면, 그것이 바로 압박면접이었던 것이다. 만약 그때로 돌아가 내가 면접관의 그 냉소적인 대답을 듣고 당황한 기색을 감추지 못했다면 결과는 어떻게 되었을까?

'저 정도 말에 풀이 죽어서 저렇게 표정이 굳어지나? 저런 사람이 어떻게 기내에서 컴플레인 승객을 응대할 수 있겠어? 탈락!'

비행기는 현존하는 교통수단 중 가장 안전하다. 그러나 안타까운 점은 사고가 발생하면 참혹한 대형 사고로 이어질 가능성이 크다는 것이다. 그래서 그 한 번의 사고 발생에 충분히 대비해야 한다. 그러기에 승무원에게 당당함과 의연함은 숙명이다.

16. 바로 그 미소, 그 자세

미소는 항공사뿐만이 아니라 어느 기업의 면접이든 원하는 바가 동일한 요소이다. 그러나 가장 중요한 핵심임과 동시에 가장 어려운 항목이다.

면접장이라는 긴장된 공간 속에서 마음 놓고 환하게 웃을 수 있는 배짱 있는 사람이 얼마나 있을까? 그렇기 때문에 당신은 남보다 더 여유로운 표정과 미소를 보여야 한다. 미소는 상대를 웃음 짓게 하고 곧바로 뇌리에 좋은 인상으로 새겨진다. 그러려면 피나는 노력이 필요하다.

이미지 메이킹에 관련된 여러 서적들을 보면, 웃는 모습을 정형화하여 표현하곤 한다.

'입꼬리는 최대한 위로 끌어 올리고 눈은 아래로 내리며 윗니를 보이게 웃어라!'

그런데 거울을 보고 이대로 따라 해 보면 인위적으로 웃고 있는 사람이 보일 것이다. 내가 내 모습을 봐도 인위적이고 부자연스러운데 내 모습을 보는 타인은 얼마나 불편할까. 그런 억지스러운 웃음을 보이느니 차라리 웃지 않는 편이 낫다.

실제로 내가 만난 다수의 면접관들이 이런 얘기를 했다.

"웃는 모습이 다들 너무 부자연스러워요. 입꼬리가 하늘까지 솟게 웃는데, 입 주변의 근육들이 덜덜덜 떨리는 게 다 보이거든요. 그 모습을 보는 제가 다 민망하고 안타깝다니까요. 좀 자연스럽게 웃을 수 없는 건지."

반면, 많은 학생들이 나에게 묻곤 한다.

"교수님, 저는 웃는 모습이 너무 부자연스러워요. 아무리 노력해도 힘들어요. 어쩌면 좋죠?"

승무원 면접을 준비하는 학생들이라면 누구나 한 번쯤 하는 고민이다. 하지만 답은 의외로 간단하다.

"넌 어떤 때 웃니?"

"기쁘고 즐거울 때죠."

"바로 그거야. 머릿속으로 기쁘고 즐거운 때가 언제였는지 생각해보고, 그때를 떠올려 봐. 아니면 앞으로 긍정적으로 변해 있는 너의 미래를 상상해 보아도 좋아. 근사한 성인이 되어 있는 네 모습을 말이지. 미래에 어떤 모습을 하고 있다면 가장 기쁠 것 같니?"

그제야 학생들은 감을 잡는다.

당연한 말이지만 사람의 얼굴에는 본인의 생각과 마음이 투영된다. 특히 세파에 덜 시달린 나이가 어린 사람일수록 그것을 숨길 수 없다. 그래서 엄마들은 학교에서 돌아온 자녀의 얼굴만 보아도 좋은 일이 있었는지 나쁜 일이 있었는지 딱 알아차리는 것 아니겠는가.

면접은 대부분 긴장된 분위기 속에서 딱딱하게 진행된다. 당신이 면접장에서 돋보이고 싶다면 우선 평정심을 유지해야 한다. 그리고 좋은 생각, 즐거운 일만을 떠올려야 한다. 마음 상태가 부드럽고 따뜻해질수록 내 표정은 밝아질 것이다. 따라서 앞으로 당신이 그 회사에 입사하여 승무원 유니폼을 입고 비행하는 상상, 또는 당신이 원하는 꿈을 이

뭐 부모님께 효도하는 상상, 전 세계를 누비며 견문을 넓히고 좋은 사람들을 만나는 상상 등을 하며 면접장에 들어가야 한다.

평소에도 웃는 사람이 어디서건 웃을 수 있는 것이다. 그러니 평소에도 거울을 보며 멋진 상상을 자주 하자. 기분 좋은 생각은 가장 아름다운 미소를 짓게 할 것이다. 그러다 보면 스스로 만족스러운 웃음을 짓는 자신의 모습을 발견할 것이다. 바로 그 얼굴이다. 행복한 미소는 보는 사람도 행복하게 만든다.

웃는 모습이 어느 정도 훈련이 되었다면, 한 단계 업그레이드된 연습을 해야 한다. 바로 웃으면서 말하는 기술이다.

면접장에 들어가면 크게 두 가지의 시간대로 구분할 수 있다. 말하지 않고 당신의 미소와 자세를 보여줄 수 있는 시간(면접장에 들어가 면접관 앞에 서기까지 시간, 그리고 타 면접자가 답하는 시간)과 면접관과 질의응답을 하는 시간이다.

웃는 얼굴을 훈련한 학생이라 할지라도 면접관이 질문하기 시작하면 다시 긴장하고 말하는 동안에 또 무표정이 되어 버리기 쉽다. 그래서 자연스럽게 웃는 훈련에 더해 웃으면서 말하는 훈련을 따로 진행해야 한다.

이것은 자연스럽게 웃는 연습이 충분하다면, 쉽게 터득할 수 있는 부분이다. 행복한 상상을 하면서 표정을 지은 상태에서 말만 추가하면 된다. 절대 무표정한 상태로 돌아가지 않는 것이 가장 중요한 핵심 포인트이다. 그러나 많은 학생들이 조리 있게 말해야 한다는 스트레스, 또 내가 외운 내용을 그대로 빠짐없이 말해야 한다는 생각에 얼굴이 굳어지고 심각한 표정을 짓기 일쑤다.

결국 훈련이다. 일단 전신거울 앞에 선다. 그리고 본인이 준비된 면접답변을 말하면서 대답의 내용보다는 표정을 주목하여 연습해야 한다. 평소 웃는 모습이 잘 안 나오는 당신이라면, 연습할 때는 조금 과하다 싶을 만큼 '이렇게 심하게 웃어도 되나?' 할 정도로 크게 웃어야 한다. 그래야 실전에 임할 때 70%의 미소라도 나올 수 있다.

또한 이때 전신거울을 통해 서 있는 자세도 확인하자. 먼저 어깨와 허리를 곧게 펴고 무릎과 뒤꿈치를 서로 붙인다. 이 또한 처음부터 잘 되지는 않을 것이다. 무릎이 붙지 않는 경우, 허리가 구부정한 경우 등 다양한 사례가 있는데 이것 역시 연습으로 해결될 수 있다. 일단 벽에 기대어 곧게 서고 발꿈치와 어깨를 벽에 딱 붙이고 허리를 쭉 편다. 머리는 위에서 누군가 잡아당기듯, 목을 길게 빼고 곧게 세운다.

이때 주의할 점은 무릎을 최대한 서로 붙이고 그 자세를 계속 유지하는 것이다. 무릎이 서로 붙지 않는 사람이라면 이 자세가 매우 힘들 수 있다. 그러나 자세를 교정한다는 마음으로 최대한 오래 버텨내는 것이 중요하다. 나는 지금도 이 자세를 연습하곤 하는데, 내가 좋아하는 음악을 틀어놓고 한 곡이 끝날 때마다 1분의 휴식을 취하며 잠깐 다리를 풀고, 또 한 곡의 음악을 들으며 자세 교정, 1분의 휴식 등을 반복한다.

그렇게 자세 교정 연습과 표정 연습을 함께 하며 면접 답변을 준비한다면 점점 당신의 면접 기술에 자신감이 붙을 것이다.

17. 눈 맞춤, 자연스러워질 때까지

상대방과 대화할 때 눈 마주침(eye contact)은 기본이다. 이는 의사소통 관련된 서적을 볼 때마다 나오는 말이다. 국제 매너, 이미지 메이킹에 관련된 책을 보면 늘 대화 시 상대방과 눈을 맞추라는 글귀가 나온다. 면접에 관련된 책도 마찬가지이다. 면접관과 골고루 눈 마주침을 하라고 말한다.

이는 말처럼 쉬운 것은 아니다. 자칫 눈 마주침을 꼭 해야 한다는 조급함으로 나서다가는 당신과 면접관 사이에 서로 불편한 상황이 연출될 수 있다. 그럼 어떤 방법으로 눈 마주침을 할 것인가? 한 면접관은 이렇게 얘기했다.

"정말 인위적인 모습은 딱 질색이에요. 대답도 그렇고 행동도 그렇고. 심지어 눈 맞춤까지 연습을 하고 오나 봐요. 박자를 맞추듯 면접관 한 사람 한 사람을 돌아가면서 차례대로 바라보는데……. 그럼 일단 정이 안 가죠. 계산된 느낌이랄까요."

승무원에게 가장 필요한 이미지는 바로 부드러움과 편안함이다. 비행기라는 낯선 환경에서 필요한 게 있을 때 언제든 도움을 청하고 안락한 상태로 목적지까지 데려다줄 수 있는 사람이 바로 승무원이기 때문이다. 때에 따라서는 승무원과 고객이 비행기 안에서 수많은 대화를 하게 될 텐데 로봇처럼 저장된 말만 하고, 정해진 시간만 고객에게 눈 맞춤을 한다는 건 상상할 수 없는 일이다. 그런데 승무원 면접에서 이런 상황이 발생한다. 본인이 준비한 답변만 하고, 면접관에게도 일정

시간 동안만 눈을 마주치고 옆 면접관에게 시선이 옮긴다. 골고루 시선을 마주치라는 의미는 이런 것이 아니다.

여러 사람과 눈을 마주치기 위해 눈동자를 굉장히 빠른 속도로 좌우로 돌리는 경우도 있는데, 이는 매우 산만해 보이고 진실성이 결여되어 보일 수 있다. 심지어 면접관을 바라볼 때 눈동자만 돌려 바라본다면 자칫 '째려본다'는 인상을 줄 수도 있다. 그러므로 한 명의 면접관을 바라보다가 다른 면접관으로 시선을 바꾸려면 몸 전체를 눈과 함께 살짝 돌리는 게 좋다.

눈 맞춤을 할 때는 천천히 번갈아 쳐다보아야 한다. 그리고 질문을 듣고 답변할 때 첫 문장이 끝나는 시점까지는 질문한 면접관에게만 눈길을 두는 것이 좋다. 그리고 나머지 문장이 시작될 때에야 비로소 옆 면접관에게 시선을 돌리도록 하자.

또한 면접관과 눈을 마주치고 있는데 면접관보다 먼저 시선을 다른 곳으로 돌리지 않도록 해야 한다. 이는 자칫, 시선을 피한다는 생각이 들 수도 있기 때문이다. 한 문장 안에서 여러 번 시선을 분산시키는 것은 산만해 보이며 눈 마주침에 대한 부담감으로 눈 깜박임이 지나치게 많아지는 경우도 있으니 이 또한 신경 쓰도록 하자.

평소 혼자 집에서 연습할 때에도 내 앞에 면접관이 여러 명 있다고 가정하고 시선을 옮기는 연습을 꾸준히 해야 자연스러운 눈 마주침이 가능해진다.

그런데 가끔 이런 질문을 하는 지원자도 있다.

"교수님, 제가 대답을 하는데 눈 마주침을 하려고 해도 면접관님들이 저를 쳐다보지도 않던데요. 그럴 때는 어떻게 하죠?"

그래도 여러분은 개의치 않고 계속 눈은 마주치기 위해 노력해야 하며 표정관리에 소홀히 하면 안 된다. 충분한 연습으로 안정적이고 편안한 모습을 보여 줄 수 있다면 결국 면접관들은 고개를 들어 당신을 쳐다보게 될 것이다.

18. 그들이 원하는 옷차림은 따로 있다

국내 항공사 면접은 대부분 복장 규정이 있다. 항공사의 유니폼을 직접 입고 보는 곳도 있고, 항공사의 유니폼과 최대한 비슷하게 연출하여 면접을 보는 경우도 있으며, 하얀색 블라우스에 검은색 스커트와 같이 전형적인 면접 복장을 원하는 곳도 있다.

따라서 지원한 해당 회사에서 원하는 복장을 미리 채용 홈페이지를 통해 정확히 파악하는 것이 중요하다.

또한, 단정한 면접 복장을 하고 오는 것은 기본 중의 기본이다. 하이힐 대신 단화를 신고, 검은색의 단아한 일자 스커트 대신 나풀거리는 플레어 스커트, 하얀색의 단정한 블라우스 대신 화려한 프린트가 그려져 있는 상의 등 타 면접자들과 달리 눈에 띄게 하고 오는 면접자들은 결코 좋은 점수를 받을 수 없다.

또한 회사에서 면접을 위해 환복을 하는 경우 면접 장소에 올 때 운동복이나 캐주얼 차림 등으로 도착하는 면접자도 있는데, 이 또한 곤란하다.

"면접장에 오는데 너무 심한 자유 의상으로 오는 사람들이 있어요. 여름철에 샌들에 찢어진 반바지 같은 걸 입고 오는 사람도 있었지요. 물론 회사에 와서 면접복장으로 갈아입는다 해도, 가고 싶은 회사를 방문하는 건데 기본적인 예의와 성의는 보여야 해요. 샌들 신고 온 그 사람은 하필이면 저희 회사 임원분과 엘리베이터를 같이 타서 면접 보기전에 찍힌 적이 있었어요. 면접이 끝난 후 절대 그 사람 뽑지 말라고 전갈이 왔더라고요. 기본도 안 된 사람이라는 인상을 준 거죠."

요즘은 승무원 면접복장을 전문적으로 판매하는 인터넷 사이트도 많이 있어서 그런지 실제 면접장에 가면 똑같은 의상을 입은 면접자들이 수두룩하다. 한 항공사 면접관은 이런 얘기를 한다.

"면접 의상이 비슷한 가운데에서 조금이라도 신경 쓴 느낌이 나는 사람이 있어요. 그럴 경우 돋보이게 마련이죠."

같은 하얀색 블라우스라도 옷감의 종류, 질감, 미묘한 색감, 디자인이 조금씩 다르다. 그중에서 본인의 피부색과 얼굴형, 체형 등에 따라 본인에게 더 잘 어울리거나 유난히 어울리지 않는 것이 분명히 존재한다. 그럼에도 불구하고 그런 면을 전혀 고려하지 않은 채 인터넷 쇼핑몰에서 무조건 한 벌 구매하여 입고 오는 경우가 있다. 본인의 평생직장이 될지 모르는 중요한 장소에 가면서 그런 행동은 너무 성의 없다는 생각이 든다. 굳이 비싼 백화점 메이커 상표가 아니더라도 발품을 팔아가며 옷을 골라야 한다. 옷감도 만져 보고, 본인의 피부색과 잘 어울리는지, 광택이 있는 옷감이 나을지 무광이 나을지 비교도 해 보는 과정이 필요하다. 즉, 성의를 보일 수 있는 부분은 최대한 신경 쓰도록 하자.

한 면접관은 이렇게 말했다.

"옷도 옷이지만, 화장과 머리 모양도 문제예요. 무조건 미용실에서 비싼 돈을 주고 하라는 말은 아니에요. 사실 미용실에서 일하는 분들이 전문가이긴 하지만, 너무 획일적으로 화장과 머리를 해 주다 보니 본인의 개성을 다 죽이는 경우가 있고요. 또 본인의 얼굴에 너무 어울리지 않는 화장과 머리 모양을 하고 오는 경우가 있어요. 본인도 아마 굉장히 어색할 거예요. 보는 우리도 어색하니까요. 그러니 미용실의 도움을 받고 싶다면, 면접을 하기 전 여러 미용실에서 화장을 받아보고 어느 미용실이 나와 잘 맞는지 확인하는 절차가 필요하다고 봐요. 물론 경제적인 부담도 있겠지만, 그런 투자를 하지 않아서 낙방한다면, 그게 더 안타까운 일 아닐까요?"

나는 여기에 덧붙여 사진 얘기도 하고 싶다. 항공사 입사 지원서에 제출할 사진의 경우도 여러 군데에서 찍어보라고 권하고 싶다. 요즘은 포토샵을 통해 보정을 많이 하다 보니 사진관마다 사람의 얼굴을 이상하게 변형시켜 놓는다. 분명 같은 사람인데 사진관에 따라 사진이 천차만별로 나온다. 그러니 사진도 여러 군데에서 찍어보고 선택하는 것이 좋다.

또 다른 항공사 면접관은 화장에 관해 이렇게 말했다.

"사실 화장이나 머리를 굳이 미용실에서 할 필요는 없다고 생각해요. 너무 비싸잖아요. 항공사 시험 볼 때마다 10만 원에 가까운 돈을 들인다고 하니 안타깝기도 하고요. 그렇다고 미용실에서 하고 오신 분에게 가산점이 있는 것도 아니고 본인이 하고 왔다고 점수를 깎는 것도 아니잖아요. 그렇다고 대충하고 오라는 얘기는 절대 아니에요. 본인이 화장도 잘하고 머리스타일도 잘 연출할 수 있다면 굳이 비싼 돈 안 들여도 된다는 말이죠. 본인이 잘할 수 있다면 본인만의 개성을 살려서 오시는 것도 좋을 것 같아요."

자사의 유니폼과 비슷한 청바지에 셔츠를 입고 면접을 보는 진에어 면접관의 이야기를 들어보자.

"항공사에서 유니폼과 비슷한 의상으로 면접을 보는 이유는 그 항공사 유니폼을 입었을 때 얼마나 잘 어울릴지를 보는 거죠. 저희 회사는 청바지를 입잖아요. 그래서 죄송하지만 하체 비만이 심하신 분들은 조금 불리할 수 있어요. 그리고 청바지를 입기 때문에 화장은 될수록 청순한 것이 좋아요. 복장은 가벼운데, 얼굴 화장은 너무 두꺼워서 얼굴만 동동 뜨는 경우가 있거든요. 의상에 맞는 부드럽고 가벼운 화장을 하시면 더 좋을 것 같아요."

여기에 더해 잊지 말아야 할 것은 면접 의상에서도 입사에 대한 열정을 보여줄 수 있다는 것이다. 예를 들면 자유 의상으로 면접을 볼 경우 항공사의 CI(Corporate Identity) 색상과 같은 옷을 입어 포인트를 주는 것이다. 더 구체적으로 예를 들면 벨트나 넥타이 혹은 브로치 등을 이용하는 방법이 있다. 이럴 경우 면접 의상에 남들과 다른 노력과 창의성이 돋보인다는 평가를 받기도 한다. 또한 이런 면이 돋보이면 면접관의 질문은 자연스레 따라온다. "빨간색 벨트를 하셨네요? 남들이 선

불리 선택하지 않는 아이템인데 어떻게 그런 생각을 하셨지요?"

○ ○ ○ 네, 저는 ○○항공사의 입사에 대한 저의 열정을 어떻게 표현하면 좋을까 하는 생각을 하다가 빨간색 벨트를 생각해냈습니다. 빨간색은 ○○항공의 로고에 쓰이며 회사의 대표 색상으로 사용되고 있습니다. 그래서 직원 유니폼에도 빨간색 벨트가 사용되는 것으로 알고 있습니다. 저는 그래서 미리 ○○항공의 유니폼을 입는다는 생각으로 이 벨트를 선택했습니다. 지금은 비록 이 정도지만 이번 면접에서 꼭 합격하여 한 달 후에는 실제 ○○항공의 유니폼을 입는 영광을 누리게 되었으면 좋겠습니다. 그리고 승무원에 합격한 후에도 ○○항공의 명성에 걸맞은 항상 솔선수범하는 승무원이 되겠습니다.

이런 대답을 듣는 면접관은 얼마나 기쁠까? 나라도 당장 합격을 외칠 것이다.

날 때부터 대통령인 사람이 없듯이 날 때부터 승무원인 사람은 없다. 준비하는 과정 속에서 점차 승무원이 되는 것이다.

19. 남승무원 면접은 뭐가 다른가?

남승무원은 여승무원보다 흔하지 않은 직군이다 보니, 남승무원을 위한 면접 관련 정보도 아마 찾기가 쉽지가 않을 것이다. 그렇다고 해서 면접 방법은 크게 차이가 나지 않으나, 면접관들이 보는 시선은 다를 수 있다.

일단 체형부터 말을 하자면, 항공기는 공간의 제약이 있으므로 너무 키가 크거나 몸집이 크면 탈락의 요소가 될 수 있다. 아무리 대형 항공기라고 하더라도 어차피 소형 항공기와 통로(aisle)의 크기는 별반 차이가 없고 천장의 높이도 크게 다르지 않으니, 몸집이 너무 큰 남성이 승무원이라면 승객이 보기에 부담스러울 수도 있다.

또한 남자 승무원의 경우에는 기본에 충실한 것이 가장 중요한데, 면접복장으로 양복을 입었을 경우 청결함을 유지하고 구김도 없어야 한다. 투 버튼의 재킷은 윗단추만 잠그고, 쓰리 버튼의 재킷은 중간에 있는 두 번째 단추만 잠그도록 한다. 셔츠는 크지 않게, 넥타이의 색상은 그 기업의 CI에 맞추는 것을 추천한다. 구두도 최선을 다해 광을 내고 와야 한다. 꽤 많은 면접관들이 지원자의 성별 구분 없이 구두를 자세히 본다. 그 이유는 구두를 얼마나 신경 써서 닦았느냐가 그 사람이 면접에 정성을 얼마나 들였느냐로 귀결되기 때문이다.

머리 모양은 이마를 수북하게 덮기보다는 이마를 보여주는 것이 밝은 이미지를 줄 수 있기 때문에 젤이나 스프레이를 이용하여 뒤로 모두 넘기는 것이 좋다. 여승무원의 경우에도 올림머리를 하여 얼굴 전체를 보이게 하는 것처럼, 남승무원도 얼굴 전체를 보여주는 것이 좋은데, 간혹 앞머리를 내리고 오는 지원자에게는 "앞머리 좀 올려보실래요?"라는 주문을 할 수도 있다. 여성과 남성 할 것 없이 지나친 염색은 감점의 요인이 될 수 있으며, 화려한 액세서리 또한 적합하지 않다.

또한 남자라도 화장을 하는 경우 이왕 할 거면 잘하고 가야 한다. 평소 선 블럭도 안 바르던 사람이 면접일이라고 BB크림을 듬뿍 바르고 갈 경우 얼굴색과 목의 경계가 확연히 나기도 한다. 이 또한 사전 연습이 필요하다는 말이다. 산만하게 난 눈썹 정돈도 코털 정리도 필수다.

면접 답변은 여승무원보다 준비도가 떨어지는 경우가 많아 면접 답변 준비를 잘한다면 성공의 확률은 확실히 높다. 그런데 주의해야 할 사항이 있다. 바로 목소리이다.

마치 군 훈련소에서 교관의 질문에 답하듯 지나치게 우렁차고 큰 소리로 답변하는 남자 지원자들이 있는데 이럴 경우 낭패이다. 본인 스스로는 자신감 넘치는 모습을 보이려고 그렇게 했겠지만, 면접장은 군에서 훈련받는 운동장이 아니다. 소규모 교실과 같은 면접장에서 큰 소리로 소리치듯 답하면 면접관들은 속으로 이렇게 말한다.

'아이고 깜짝이야! 갑자기 왜 저래?'

그리고 더욱 문제인 것은 자신 있는 질문에는 면접장이 떠나가라 우렁차게 답변하고 예상하지 못한 꼬리 질문을 받았을 때는 갑자기 목소리가 개미처럼 작아지고 이내 자신감 없는 모습을 보인다는 것이다. 남승무원의 면접은 남자끼리 따로 조를 편성하여 보게 되므로, 남자들끼리의 기 싸움에서 밀리지 않기 위해 목소리를 크고 우렁차게 내는 것 같으나, 절대 목소리로 기 싸움을 할 필요는 없다.

또한 남승무원들의 면접에서는 시사·상식에 관련된 돌발 질문을 많이 하는 편이다. 지원자의 사회적인 성향과 관심도를 가늠하기 위하여 항공 상식뿐 아니라 지금 현재 가장 이슈가 되는 국내외 문제에 관련하여서도 질문을 많이 하니 평소 뉴스와 신문을 통해 시사·상식의 폭을 넓혀가는 것이 좋다.

남승무원 면접에 관련하여 한 항공사의 CEO 말을 들어보자.

"제가 남승무원을 희망하는 지원자들에게 꼭 전해주고 싶은 말이 있어요. 그건 바로 직업을 선택하기 전에 본인의 적성과 잘 맞는지 신중히 고민해 보라는 거예요. 여승무원의 경우 대부분 친절함이 몸에 배여 있고 교육을 하면 곧잘 따라와요. 그런데 남승무원 중에 상당수는 본인만의 자존심과 고집이 있어서 그러지 못하는 경우가 많거든요."

자기 자신을 내세우기보다는 고객을 먼저 생각하고, 그들을 위해 희생할 수 있는 마음가짐이 있는 서비스 정신이 투철한 남자 지원자들을 참 찾기가 힘들어요. 남자들의 경우 평생직장으로 생각하고 들어오는데 본인의 적성과 맞지 않아 퇴사를 결정한다는 것은 참 안타까운 일 아니겠어요? 승무원의 화려한 겉모습만 보지 말고, 업무의 형태를 생각해서 본인과의 성격과 적성에 잘 맞는지 충분히 고려하고 왔으면 좋겠네요."

20. 급조된 장기자랑은 필요 없다

요즘 항공사들이 경쟁적으로 차별화된 특화서비스를 많이 하다 보니 지원자들도 다양한 특기를 많이 살려서 온다. 그리고 국내 LCC 항공사의 경우 아예 장기자랑을 준비해 온 지원자에게는 기회를 따로 주기도 한다. 그럼 장기자랑을 하는 것이 과연 유리할까?

일단 국내 대형 항공사, LCC 항공사 중 세 개의 항공사 면접관의 말을 들어보자.

"물론 영향을 미치긴 하죠, 그런데 웬만해서는 영향을 주지 않는다고 봐야죠. 승무원 면접 한 번을 치르면 우쿨렐레를 가져와서 연주하는 지원자가 100명이 넘어요. 그리고 바이올린, 플룻, 심지어 가야금까지 가져와서 연주하는 지원자도 있어요. 그런데 여기서 중요한 점은 어설프게 할 거면 차라리 안 하는 게 낫다는 거예요. 종이접기와 같이 아주 사소한 것이라도 본인이 완벽하게 잘하는 것으로 준비해 와야 해요. 흔한 악기를 연주하면 듣는 저희도 지치거든요. 열심히 준비해 온 건 기특하고 감사하게 생각하지만 우린 그런 아마추어 실력을 원하는 게 아니거든요. 손님들 앞에서 완벽한 퍼포먼스를 보여줄 수 있는 모습을 기대하는 것이니 본인이 정말 자신 있는 악기가 있을 때 장기로 보여주시면 좋을 것 같아요."

"장기가 있고 끼 있는 승무원이라면 저희도 좋죠. 그런데 원래부터 잘하는 장기가 아닌, 승무원 시험을 위해 급조한 느낌이 나는 지원자가 있어요. 이럴 경우 어딘가 어설퍼 보일 수밖에 없거든요. 그럴 바엔 안 하는 게 낫죠."

"정말 많은 지원자들이 준비해 와요. 쿠키도 구워서 오고, 빵도 구워 오고, 손재주 있는 사람은 정말 다양한 걸 만들어 오기도 하고요, 악기, 노래 등등 다양한 장기를 많이 보여주는데 저희는 예능인을 뽑는 것이 아니라 승무원을 뽑는 거잖아요. 그래서 그런 장기가 주가 되는 건 결코 아니에요. 절대 장기자랑을 안 했다고 감점이 되지는 않아요. 반대로 장기자랑을 했다고 무조건 가산 점수를 주는 것도 아니거든요. 그러니 너무 부담을 가지고 억지로 무리하게 준비 안 해도 됩니다."

장기자랑은 말 그대로 장기가 있을 때 가능하다. 보고 듣는 사람들이 감탄하거나 그것을 넘어 가슴 속에 감동을 줄 수 있다면 당연히 보여주는 것이 좋다. 하지만 장기를 위한 장기라면 하지 않는 것이 좋다. 절대 두세 달 연습해서 보여줄 생각이라면 그만두자. 역효과가 날 수 있다.

21. 호기심을 자극하라

남녀가 만나 서로를 알아갈 때 그 관계의 생명은 호감으로 시작되는 경우가 많다. 호감이 확신으로 이어지기까지 그 관계의 생명은 바로 호기심이다. 상대의 새로운 면을 발견해 가면서 흥미가 새록새록 생겨야 관계가 지속된다. 면접도 마찬가지이다. 서류심사 사항인 자기소개서, 지원 동기, 입사 후 포부 등이 읽는 이에게 흥미로워야 면접을 볼 기회가 주어지게 되는 것이다. 그리고 두세 차례로 이루어지는 면접 과정에서도 단계마다 면접관에게 흥미를 유발시키는 그 무언가가 있어야 한다.

1차 면접에서 면접관에게 또 한 번 보고 싶은 매력을 발산했을 때 2차 면접의 기회가 주어지게 되는 것이며, 최종 심사에서도 같은 회사 후배로서 계속 보고 싶은 마음이 들 때 합격이 된다.

찍어낸 듯 준비한 대답을 줄줄 외워서는 절대 면접관의 호기심을 자극할 수 없다. 오히려 면접관의 예상을 뒤엎는 대답을 했을 때 그 사람을 다시 보게 된다.

항공사마다 점점 면접 시간이 늘어나는 추세이다. 국내 대형 항공사 중의 한 곳도 한 시간에 5~6조 면접을 보았다가 요즘은 4조로 줄이고 그만큼 면접시간을 늘렸다. 또한 국내 한 LCC 항공사는 한 조의 면접을 30분가량 보는 것으로 유명하다. 그렇게 면접의 시간을 늘리는 이유는 무엇일까? 바로 그 사람의 진면목을 제대로 알고 싶어서이다. 많은 대화를 통해 그 사람의 숨겨진 끼, 인성 등을 알아내고자 하는 것이다.

따라서 본인이 외운 답변을 읊는 데 초점을 맞추기보다는 본인의 머릿속에 있는 다양한 이야기들을 자연스럽게 엮어가는 방법을 익혀야 한다.

면접관들에게 "첫인상이 좋지 않아서 떨어질 위기에 놓였었지만 결국 늦게 발견한 매력을 보고 결과를 뒤집은 경우도 있나요?"라고 질문을 던지자 모든 면접관들은 "YES!"라고 답했다.

"첫눈에 확 눈에 띌 만큼은 아니었지만, 대화를 하다 보면 처음 만났음에도 불구하고 편안하게 느껴지는 지원자들이 간혹 있어요. 막 꾸며서 대답하지도 않고, 자연스럽게 이야기하는 것을 보면 '우리 손님들도 이 사람을 편안하게 생각하겠구나' 하는 느낌이 들 때가 있지요. 정감 있는 사람을 보면 같이 일하고 싶은 생각이 들어요."

"면접실에 들어올 때는 특별히 호감도가 높지 않았는데 이야기할 때 굉장히 생동감 있고, 표정도 부드러우면서 다양하고, 얘기를 잘하니까 집중도도 높고, 그렇게 흥미진진하게 면접이 끝나면 '다음에 또 보고 싶다. 의외로 괜찮네!'라는 생각이 들어요. 기대를 안 하고 보다 보니 조금만 잘해도 더 잘해 보인다고 해야 할까요? 영화도 그렇잖아요. 보기 전에 기대를 너무 많이 하면 보고 난 후 감흥이 그저 그렇고, 별 기대 안 하고 봤는데 재미나면 더 기억에 남고. 지원서에 스펙도 좋고 내용도 좋아서 기대하고 있다가 막상 보면 인간적인 매력을 못 느끼는 경우도 많거든요. 그럼 더 별로라고 느껴지기도 하죠."

"외모는 눈에 띄지 않는 지원자였는데, 목소리가 아주 좋은 거예요. 음성이 좋아서 신뢰감이 들었던 거 같아요. 이야기도 재미있게 잘하고요. 그러니 자꾸 말을 시키고 싶은 거죠. 그 목소리를 좀 더 듣고 싶어서요. 결정적으로 유쾌하고 밝더군요. 그래서 뽑았죠."

"들어오는 모습을 보고는 '저 친구는 아니다' 싶었는데, 말을 시키니 표정도 좋고 대답도 재치 있고, 그러면서 닫혀 있던 마음이 풀리죠. 그리고 문답을 이어가다 보면 못난 얼굴이 아니라 개성 있고 정이 가는 인상으로 바뀌기도 하죠. 물론 반대의 경우도 있어요."

"면접을 진행하면서 대답을 하는 사람만 쳐다보는 건 아니거든요. 저 같은 경우에는 질문을 받고 대답을 하는 사람 이외에도 주변 지원자들을 다 관찰하는데, 다른 지원자가 대답할 때 딴생각을 하는 듯한 표정을 짓는 지원자도 있고, 고개를 살짝 돌려서 옆 사람이 말하는 것을 경청하는 사람도 있어요. 그럼 그 사람의 옆모습까지 찬찬히 보게 되죠. 답변할 때도 자신의 이야기를 진솔하게 하고 있구나 하는 느낌을 받으면 인간적인 매력이 느껴져요. 대화 중에 긴장이 풀어지면서 표정이 좋아지는 사람들도 있어요. 그럴 때 첫인상과 나중 인상이 바뀐다고 봐야죠."

"말을 예쁘게 하는 친구들이 있어요. 얼굴은 특별히 예쁘지 않은데 말하는 표정, 말투, 눈빛이 보면 볼수록 정 드는 친구들이 있거든요. 뽑아야죠."

모든 면접관들이 입을 모아 하는 이야기는 하나이다. 첫인상은 언제든 뒤집힐 수 있다는 것이다. 그리고 그 역전의 포인트는 바로 밝고 세련되면서도 사람 냄새가 물씬 나는 인간적인 이미지다.

내가 외워서 말하지 말라고 누누이 강조하는 이유도 여기에 있다. 외운 것을 마치 실타래 뽑아내듯이 줄줄 말하는 사람에게는 인간적인 매력은 느낄 수가 없다. 자연스러움, 당당하고 솔직함에서 인간은 매력을 느낀다.

22. 제2외국어는 중국어를 선택하라

종종 사람들이 나에게 이런 질문을 한다.
"승무원이 되는 데 도움이 될 만한 자격증은 무엇인가요?"
난 단호하게 말한다.
"중국어 관련 자격증이요!"
국내 대형 항공사와 저비용 항공사의 면접관들에게 같은 질문을 해보았다.

"영어 말고 제2외국어를 해야 한다면, 어떤 외국어를 하는 게 지원자들에게 도움이 될까요?"

질문을 받은 모든 면접관들 또한 단호하게 대답해 주셨다.

"중국어요."

국내 대형 항공사 두 곳 모두 현재 중국 국적의 여승무원이 근무하고 있으며 중국 노선 커뮤니케이션을 도맡아 하고 있다. 그러므로 한국인 승무원들이 굳이 중국어를 못한다 하더라도 중국인들에게 서비스를 하는 데 크게 문제는 없다.

그러나 요즘 들어 중국인들이 중국 노선에만 탑승하는 것이 아니라 전 세계 관광업계를 쥐락펴락할 정도로 많은 인원이 해외여행을 하고 있으니, 중국 노선뿐만 아니라 미주 노선, 유럽 노선 할 것 없이 중국어가 가능한 승무원이 필요해졌다. 이제는 중국인 탑승객의 숫자를 중국인 현지 승무원만으로는 커버가 되지 않는 것이다. 특히 저비용 항공사의 경우 국제선의 상당한 비율을 중국 노선이 차지하고 있으므로 중국어를 구사할 수 있는 승무원이 더욱 필요한 실정이다. 그래서 항공사 승무원 채용 공고에 '중국어 가능자 우대'라는 글귀도 심심치 않게 찾아볼 수 있다.

혹시 승무원 취업을 앞둔 자신이 남보다 뒤처지는 부분이 있다고 생각하는가? 그럼 지금부터 중국어를 공부하라.

23. 면접은 면접장에서 시작되지 않는다

앞서 집에서나 가능한 편안한 복장을 하고 왔다가 그 회사 임원에게 면접장 엘리베이터에서 찍혀 탈락의 고배를 마신 사례를 이야기 했다. 조금의 신중함과 조심성이 있었더라면 그 결과는 바뀌었을지도 모른다. 마찬가지로 어디서나 항상 말조심을 해야 한다. 면접장에서는 흠 잡을 것 없이 좋았지만, 면접장이 아닌 장소에서의 행실과 실언 때문에 합격이 불합격으로 바뀌는 경우도 있다. 그리고 이런 경우가 조사 결과 다반사로 일어나고 있었다.

"저희 항공사는 공항에서 셔틀버스를 타고 들어옵니다. 나가는 길은 그 반대가 되겠죠. 어떤 지원자가 면접이 끝난 후 공항으로 다시 돌아가는 길이었나 봐요. 그 셔틀버스에는 저희 회사 직원들이 상당히 타고 있었죠. 그런데 친구랑 휴대폰으로 통화를 하는데 예의 없이 큰 목소리로 떠들었나 봐요. 비속어까지 쓰면서요. 그리고 저희 회사 욕을 막 하더라는 거예요. 진짜 별로라고. 그 말을 들은 직원이 황당해서 얼굴을 확인하고 이름을 물었대요. 결국 그분은 탈락했죠."

"저희 항공사의 경우 유니폼을 입고 면접을 보잖아요. 그래서 탈의실에서 지원자들의 탈의를 돕는 직원들이 있어요. 탈의실을 관리하고 면접자들 유니폼 입는 법도 도와주곤 하죠. 그런데 그 직원들이 사실은 용역 직원들이 아니고 본사 직원입니다. 그런데 지원자들이 도우미 정도로 생각하는지 그분들 앞에서 실수가 잦아요. 면접을 보러 왔으니 면접실에 들어가서만 잘하면 된다고 생각하는 거죠.

사실 면접장 탈의실에서 이상한 행동을 하거나 욕설 등 거친 언행, 예의 바르지 못한 행동을 하는 지원자가 있으면 면접관에게 바로 연락이 옵니다. 그래서 지원자들이 면접실에 들어가서 천사 같은 표정을 하며 답변을 한다 해도 이중적이라는 것이 바로 들통 나죠.

승무원이라는 직업은 앞에서만 잘해서는 안 되는 직업이에요. 유니폼을 입고 대중교통도 이용하고, 또 비행기가 아닌 외부의 공간(공항, 해외 호텔 등)에서도 승객들과 만나게 되잖아요. 그래서 승무원은 품위를 지킬 줄 알고, 조심성이 있어야 해요. 승무원은 회사의 얼굴이니까요. 그러니 일단 면접을 보러 회사 정문에 들어설 때부터가 면접의 시작이라고 생각하고 매사에 조심해야 합니다."

"저희 항공사에서는 면접을 볼 때 학부모 대기실을 운영해요. 자녀분이 면접을 보는 동안 차라도 한잔 하시면서 기다리시게 편의를 봐드리죠. 면접실과 면접자 대기실에 부모님은 들어가실 수 없거든요. 그런데도 면접실 앞이나 학부모 대기실 앞에서 부모들이 안내하는 직원들과 실랑이가 벌어지는 경우가 종종 있어요. '왜 못 들어가게 해요? 면접자 대기실에 우리 애랑 좀 같이 있겠다는데 왜 안 된다는 거예요?', '정말 거지 같은 회사네. 더럽게 깐깐하네.' 같은 말씀도 서슴지 않고 하시는 분이 계시죠. 그런 경우 면접관에게 당연히 전달되고 100% 탈락이라고 봐야죠."

세상에 비밀은 없다. 당신이 하는 말과 행동은 누군가가 지켜보고 있다. 특히 면접하러 가는 날의 모든 동선에서 당신은 그 어느 때보다 조심해야 한다. 그 길 모두가 면접장이라는 생각을 하는 것이 좋겠다.

더 나아가 평소 자신의 행실을 잘 점검해 보는 것이 좋겠다. 준비하는 과정에서 당신은 이 세상에서 가장 훌륭한 승무원으로 변모하게 될 것이다.

24. 면접관과의 교집합을 찾아라

앞서 말한 모든 방법은 사실 한 방향으로 흐르고 있다. 바로 면접관에게 자신을 어떻게 하면 잘 어필할 수 있는지를 연구하는 것이 바로 그것이다. 앞서 말한 모든 방법이 효율적이고 합격할 수 있는 확률이 높아지는 방법이지만 최고의 방법은 따로 있다. 당신과 면접관은 그날 처음 본 사이다. 이런 사이가 단시간 내에 가까워지기 위해 가장 필요한 것은 교감과 공감이다. 만일 당신이 면접 당일 면접관과 교감을 이뤄내고 공감을 이끌어 냈다면 그 면접은 100점이다.

예를 들어 "가장 존경하는 인물이 누구인가요?"라는 질문에 이렇게 대답을 했다.

"네, 제가 가장 존경하는 인물은 그룹 엑소에 수호입니다. 7년이라는 연습 기간 동안 힘들고 포기하고 싶었던 순간도 많았을 텐데 꿈을 위해 끝까지 노력하여 가수라는 꿈을 이루었기 때문입니다."

진실일 수는 있어도 상대방의 공감을 얻기가 쉽지 않다. 일단 면접관이 아이돌그룹 엑소를 알고 있을 가능성이 작으며, 또 안다 해도 그 멤버들의 이름까지 외울 수준일지는 미지수이기 때문이다.

공감을 이끄는 방법은 '너와 내가 함께 아는 얘기'가 되어야 한다. 이 같은 질문에는 그 면접관이 알만한 인물로 이야기를 구성해야 한다.

○ ○ ○ 제가 가장 존경하는 인물은 연기자 김혜자 씨입니다. 김혜자 씨는 유명한 배우임에도 불구하고 화려한 삶을 살기보다는 언제나 남을 위해 봉사하는 삶을 살고 계시기 때문입니다. 국내의 어려운 이웃을 위한 봉사뿐만 아니라 해외 난민들을 위한 기금마련 활동까지 열심히 하는 모습에 존경을 표합니다. 그래서 그 삶을 닮고 싶어 미약하지만 대학교 1학년 때부터 용돈을 조금씩 모아 아프리카의 한 어린이를 후원하고 있습니다. 제가 ○○항공 승무원이 되더라도 항상 나보다는 고객과 동료를 먼저 생각하는 승무원이 되도록 노력하겠습니다.

일단 김혜자라는 이름만으로 면접관들의 머릿속에는 아프리카의 병들고 삐쩍 마른 어린아이를 두 팔로 안고 있는 김혜자 씨의 모습이 떠오를 것이다. 그리고 그 모습과 그녀를 닮고 싶어하는 당신의 모습이 머릿속에 새겨질 것이다. 그 모습은 당연히 긍정적이다. 봉사와 희생은 서비스 인에게 있어서 가장 아름다운 모습이기 때문이다.

공감대를 형성하기에 좋은 질문 중 하나는 회사와 관련된 질문이다. "우리 회사 홈페이지를 방문해 본 적이 있나요? 느낀 점을 말해 보세요."

○ ○ ○ 저는 ○○항공사 홈페이지를 보면서 모든 것이 고객 중심으로 관리가 되고 있다는 느낌을 받았습니다. 항공사를 비롯한 모든 회사는 이윤을 추구합니

다. 따라서 되도록 비싼 값을 주고 고객이 티켓을 사야 항공사 수입에 도움이 되리라는 것은 자명합니다. 그러나 의외로 홈페이지의 가장 중앙 부분에 〈인터넷 특가 항공권 판매〉 메뉴가 있어서 '회사의 이익보다는 고객을 위한 항공사구나'라는 생각이 들었습니다. 또한 항공사에서 실시하는 각종 이벤트를 알려주는 창이 있었는데 항공기를 이용하는 고객뿐만이 아니라 그렇지 않은 고객 모두가 다 참여할 수 있는 이벤트여서 모든 이에게 친밀감을 줄 수 있을 것 같다는 생각을 했습니다. 또 홈페이지 상단의 SNS 메뉴도 좋았습니다. 고객들과 늘 대화하고 소통할 수 있는 창구를 만들어 항상 열린 마음으로 고객을 대한다는 것을 느낄 수 있었습니다. 이렇게 고객을 최우선으로 생각하는 ○○ 항공에서 저 또한 의미 있는 한 명의 일원이 되고 싶습니다.

늘 접하는 것에 오히려 소홀할 수 있는 것이 인간이다. 면접관이 당신에게 자신이 다니는 회사의 홈페이지에 관해 이처럼 세세하게 듣는다면 자신들의 회사 홈페이지의 이미지가 색다르게 느껴질 수 있다. 그리고 그의 한 마디 한 마디를 통해 같은 그림을 떠올리며 공감할 수 있을 것이다. 공감을 이끌어 낸 상대에게 좋은 않은 점수를 주는 사람은 없다.

25. 회사를 칭찬하라

면접관이 면접자를 보는 시선은 어떨까? 일단 본인들의 직장 후배, 혹은 직원이 될 사람으로 볼 것이다. 하지만 그것이 다가 아니다. 면접자는 폭넓게 바라보면 현재의 고객일 수도 있고, 미래의 고객이 될 수도 있다.

그렇다면 고객에게 그 회사 사람으로서 가장 듣고 싶은 것이 무얼까? 비판일까? 무관심일까? 아니다. 정말 듣고 싶은 것은 칭찬과 감사다. 따라서 당신은 면접관 앞에서 그 기업을 칭찬할 필요가 있다.

실제로 면접을 무사히 통과해 지금은 현역 승무원이 된 제자의 말이다.

○○○ 전 면접 때 '왜 우리 회사에 지원했나요?'라는 질문을 받았어요. 그래서 저는 이때다 싶어서 그 회사에 대한 칭찬을 엄청나게 했어요. 칭찬할 수 있었던 소재가 되었던 것은 그동안 관심 있게 보았던 항공사 이용 후기, 블로그 내용 등을 통해 습득한 자료가 바탕이 되었죠. 특히 저희 항공사의 식사 메뉴가 너무 훌륭하다고 칭찬을 했어요. 적정 가격의 인스턴트 재료를 사용하기보다는 자연식 식재료로 사용함으로써 고객님들의 건강까지 챙기는 세심함이 돋보인다고 말씀드렸더니 면접관님 입가에 미소가 번지시더라고요.

또 이런 답변은 어떨까?

○○○ 제가 티웨이항공사에 입사지원을 한 이유는 직원을 소중하게 여기고 아끼는 회사라는 이미지 때문입니다. 'Happy T way, It's Yours!'가 항공사의 로고인데 '행복한 항공사, 그리고 여러분의 항공사'라는 글귀를 보자마자 회사의 발전을 위해 직원의 희생을 강요하기보다는 '함께 가족적인 분위기에서 행복하게 우리 회사를 같이 이끌어 가자!'라는 의미로 느껴졌습니다. 저도 그 화목한 가족의 일원이 되고 싶어 지원하게 되었습니다. 직원들이 행복하면 회사는 당연히 긍정적인 에너지가 가득할 것입니다. 그 에너지는 자연스럽게 고객에게 전달될 것이라 봅니다. 회사에서 베풀어 주시는 사랑의 마음을 그대로 고객까지 전달하여 한번 티웨이항공 고객은 영원히 티웨이항공의 가족이 될 수 있도록 편안한 서비스로 고객을 모시는 승무원이 되겠습니다.

항공사에서 제공하는 기내식의 종류부터 재료까지 파악하고 있으며 이 모든 것이 고객의 건강을 위한 항공사의 배려라고 칭찬해 주는 지원자, 항공사 대표이사의 경영철학이 직원들을 보듬어 주고 사랑으로 감싸고 있는 걸 알아차리고 칭찬해 주는 지원자! 면접관 입장에서도 회사에 관한 칭찬을 들으니 기분 좋고, 또 지원자 입장에서도 해당 항공사에 관심이 많아 미리 여러 가지 항공사 정보를 파악하고 있음을 어필할 수 있어 가산점을 받을 좋은 기회가 된다.

기억하라! 칭찬은 고래뿐만 아니라 면접관도 춤추게 한다는 것을!

26. 실무자 면접과 임원 면접 대처법

보통 항공사에서는 대리에서 과장 정도의 직급에 있는 직원들이 1차 면접(실무자) 면접관이 되고, 2차 면접(임원)부터는 본부장, 상무, 전무, 사장급이 면접관으로 들어온다.

즉, 실무자 면접관들은 연령대가 30대 중후반에서 40대 초반 정도라고 볼 수 있고, 임원 면접은 40대 후반에서 50대 후반까지 형성된다. 면접관의 나이를 고려하라는 것은 면접관의 눈높이에 맞춰서 답변해야 한다는 말이다.

따라서 하다못해 장기자랑으로 노래를 부른다 해도 부르는 노래가 달라야 한다. 예를 들면 실무자 면접에서는 드라마《응답하라 1994》라는 드라마에서 나왔을 사람들이 대학교 시절 혹은 그 이후에 들어보고 알만한 노래를 불러야 한다면, 임원 면접에서는 그 눈높이를 그 윗세대로 재조정해야 한다. 설마 노래를 부르라고 했다고 요즘 나오는 이름도 잘 모르는 아이돌 노래를 부르는 센스 없는 지원자는 없으리라 생각된다.

실무자 면접은 쉽게 말해 '이미지 체크'라고 보면 된다. 그래서 이때에는 본인의 외적 이미지의 표현이 굉장히 중요하므로 부드러운 미소와 밝은 목소리, 자신감 넘치는 걸음걸이, 허리를 곧게 편 자세, 예의 바르고 겸손한 말투가 핵심이다. 실무자 면접 질문은 가벼운 공통질문과 이력서 중심의 개별질문이 주가 된다. 이런 질문을 통해 본인의 의사 표현력과 전달력 그리고 상황 대처 능력을 파악한다.

반면, 임원 면접은 지원자를 보는 관점이 조금 다르다. 이때에는 이미지 좋은 지원자가 이미 앞에서 추려졌으니 인성과 해당 항공사의 가족으로서 적합한 사람인지를 보게 된다. 즉, 실무자 면접에서는 승객에게 잘할 수 있는 승무원이냐를 판별하는 것이고, 임원 면접에서는 우리 가족으로 받아들여도 괜찮을지의 여부를 판단한다고 보면 되겠다.

난이도를 따지면 당연히 임원 면접이 까다로울 수밖에 없다. 이 면접을 통해 가족으로 받아들일 것인가가 판가름나기 때문이다. 실제 면접은 항공사마다 차이는 있지만 한 조에 10분에서 15분 정도 보는 항공사도 있고 길게는 한 조에 30분을 보는 항공사도 있다. 앞서 이야기했지만, 점점 조당 면접시간이 늘어나는 추세이다. 그 이유는 면접자에 관해 더 많이 알고 싶고, 더 실수 없이 인재를 뽑고 싶기 때문일 것이다.

한 항공사의 면접관은 이렇게 말했다.

"내가 우리 가족을 못 알아보면 안 되잖아요. 앞으로 20년, 30년 우리와 함께 할 가족을 찾는 일이니 우리도 신중할 수밖에 없어요. 그래서 이런저런 짓궂은 질문도 하고 심도 있는 질문도 하는 거예요."

때에 따라서는 기내 방송문을 읽어보라고 주문하기도 한다. 그러나 아나운서같이 잘 읽는지를 보려는 게 아니라 기본적인 영어 발음과 음색을 듣기 위해서이다. 최근에는 기내 방송문에 관련된 서적도 많이 나왔고, 면접 관련 인터넷 블로그에서도 쉽게 찾을 수 있으니 모르는 단어의 발음과 의미를 파악하여 물 흐르듯 자연스럽게 읽어나가면 된다. 또한 중국어나 일본어 읽기 가능자는 제2외국어 방송문도 읽을 기회가 주어질 수 있다. 특기자일 경우 이 또한 연습해 가면 좋겠다. 또한 영어 인터뷰는 지나치게 진지한 시사 문제나 세계정세에 관련된 문제가 아니라 일상생활에 관련된 소소한 질문이니 너무 걱정하지 않아도 된다.

면접장에 들어서면 면접관과의 거리가 생각보다 가깝게 느껴질 것이다. 실제로 모 항공사의 면접에서는 면접자에게 면접관 테이블 앞으로 바짝 다가와 서라고 주문하는 경우도 있다. 이럴 경우 더 긴장될 수 있다. 그러나 긴장되는 것은 모두의 공통사항이다. 당신만 그렇게 느끼는 것이 아니다. 누구보다 대범하게 평소에 준비한 대로 헤쳐나가야 한다.

27. 화합과 배려는 기본이다

면접이란 사람과 사람이 만나 얼굴을 마주 보고 면접자의 가치관과 인생관, 인성 등을 알아보기 위해 마련된 시간이다. 만약 기업에서 공부 잘하고 능력이 우수한 사람만을 뽑길 바란다면, 성적증명서와 보유한 자격증만 제출하고 합계 점수를 내어 상위의 몇을 추려내면 그만일 것이다.

그러나 기업 대부분은 서류전형을 진행한 다음 면접을 2~3차 이상 치르고 나서야 당락을 결정한다. 직접 지원자를 보고, 몇 가지 질문을 통하여 그 사람의 생각과 의견을 들어보는 시간을 갖는 것이다. 이는 시간적으로나 물질적으로나 상당한 에너지가 소모되는 일이다. 이 번거로움을 감당하면서까지 서류 이외의 또 다른 기회를 주는 이유는 단

하나, 바로 당신을 알기 위해서다.

서류 심사에서 상위권에 든 이는 해당 기업에 자신이 최적인 인물이라는 확신을 심어주어야 하며, 합격선에서 불안하게 있는 이는 점수 이외에 자신이 어떤 장점이 있는 사람인지를 면접관에게 인상 깊게 남겨야 한다. 써 놓고 보니 말은 참 쉽다.

대부분의 취업 준비생들은 스펙이 취업의 당락을 좌우한다고 생각하는데, 천만의 말씀. 당락을 결정짓는 중요한 핵심은 '면접'이다. 아무리 화려한 경력과 능력이 있다고 하더라도, 그 사람의 가치관과 인성이 그 기업과 맞지 않는다면 절대 뽑지 않기 때문이다. 회사라는 곳은 동료들과 협업을 하며 어울려 일하는 곳이다. 그렇기에 아무리 능력이 뛰어나도 다른 사람들과 소통하고 융화되지 못한다면, 그 한 사람으로 인해 팀워크가 와해될 수 있으므로 기업에서는 반기지 않는다.

그러므로 면접에서는 면접자의 의사소통 능력 또한 눈여겨보게 된다. 다른 사람과의 소통에서 가장 중요한 것이 무엇일까? 난 십여 년전에 TV에서 보았던 미스코리아 선발대회의 마지막 모습에서 그 해답을 찾았다. 당시 사회자는 최종심에 남아 있는 두 명의 미인에게 이렇게 물어봤다.

"둘 중에 누가 '진(眞)'이 될 것 같아요?"

그 당시 난 속으로 이런 생각을 했다.

'유치하게 저런 걸 왜 물어봐?'

그런데, 항공사 면접을 볼 때도 종종 그런 질문이 나오곤 한다. 5~8명이 한 조로 단체 면접을 할 때 특히 그렇다.

"옆 사람이 뽑힐 것 같아요? 본인이 뽑힐 것 같아요?"

"옆 사람보다 본인이 뭐가 더 훌륭하다고 자신할 수 있죠?"

"옆 사람이 아닌 본인이 뽑혀야 하는 이유에 관해 말씀해 보세요."

이것 참 난감한 질문이다. 겸손해 보이기 위해 "저보다는 옆 사람이 뽑혔으면 좋겠습니다!"라고 하겠는가? 혹은 "무조건 제가 뽑혀야 한다고 생각합니다."라고 솔직히 말하겠는가? 정말 어려운 문제이다. 이럴 때 가장 좋은 대답은 결정을 피하는 것이다. 모두를 높이고 결정을 다시 면접관에게 돌려주는 것이 좋다.

○ ○ ○ 아마도 여기 계신 저의 경쟁자들 모두 이곳에 입사하기 위해 나름대로 열심히 노력을 해왔을 거라고 생각합니다. 그간의 노력과 열정은 저 또한 뒤지지 않으리라 생각하고 있지만, 제가 뽑히기 위해 다른 분들이 노력한 시간까지 무시할 수는 없다고 생각합니다. 다만 저를 포함한 여기 계신 모든 분들이 자기 나름대로 열심히 한 결과를 얻기를 바랄 뿐입니다. 또한 저보다는 앞에 계신 면접관님들께서 사람을 보는 안목 또한 훨씬 높으시므로 저는 면접관님을 믿고 그 결과에 따르도록 하겠습니다.

이런 대답을 하면 본인의 노력과 열정에 대해서 어필할 수 있으며, 경쟁자들 모두를 존중하는 답변이 될 수 있다. 또한 윗사람에 대한 칭찬과 함께 윗사람의 말에 잘 따르는 후배의 모습도 보여줄 수 있다.

28. "내가 바로 당신이 찾는 인재다!"

"자기 PR 시간을 가져보겠습니다. 본인을 한 문장으로 표현해 보세요."

위의 질문도 항공사의 단골 면접 질문이다. 이 질문을 하는 의도는 면접자에 관해 쉽게 파악하고 싶기 때문이다. 이런 질문에서는 본인을 가장 잘 표현할 수 있는 단어를 중심으로 첫 문장에서 설명하고 그다음 문장부터는 그 이유를 설명하면 되는데, 이 또한 항공사의 인재상이나 심볼마크, 항공사의 비전 등과 연관을 지어 말하면 된다. '우리 회사와 잘 어울리겠는데?' 혹은 '평소에도 우리 회사에 관심이 많군.'이라는 인상을 심어줄 수 있다.

○ ○ ○ 저는 미래지향적인 사람입니다. 초등학교 때부터 지금까지 거의 하루도 빠지지 않고 일기를 쓰며 내일의 계획, 1년 계획, 10년 계획을 세워왔기 때문입니다. 지금의 저의 모습도 어쩌면 일기 덕분인지도 모르겠습니다. 일기는 제 삶의 나침반 같은 역할을 해 주고 있습니다. 방황을 할 때도 저의 생각을 정리할 수 있게 도와주고, 늘 새로운 계획을 세울 수 있도록 저를 부추기며 의지를 불태우게 해 주었습니다. 아시아나항공의 심볼마크인 WING의 의미도 진취적이고 미래지향적인 정신을 담아 아름다운 미래로 비상하는 아름다운 기업이 되겠다는 의지라고 알고 있습니다. 제가 아시아나항공의 승무원이 된다면, 항상 미래를 향해 비상하는 마음으로 자신을 발전시키고 나아가 회사의 발전에도 도움이 되는 승무원이 되겠습니다.

어떠한 질문이 나온다 해도 당신이 그 회사에 들어가기 위해 수년 동안 해온 노력과 열정을 답변에 담아야 면접관에게 전해줄 수 있다. 당신이기 때문에, 당신이어서 가능하다.

PART 2.

승무원 면접
실전 시크릿

Chapter 3

면접,
이제 실전이다!

면접장은 전쟁터다. 면접관이 질문하고 지원자가 대답하는 형상은 마치 적이 화살을 쏘면 방패로 요리조리 막는 듯한 모습을 연상시킨다. 정답은 없다. 대답하는 이의 생각과 삶이 모두 다르므로 같은 질문에도 수천 수만 가지의 대답이 나온다. 지원자의 입장에서는 그저 자신이 할 수 있는 최선의 답만 있을 뿐이다.

이번 장에서는 항공사 면접에서 자주 출제되는 20개의 질문을 알아보고 그에 따른 답변을 더욱 구체적으로 만들어 보도록 하자. 다시 말하지만 본 저자가 쓰는 답을 그저 읽는 데에 그치지 말고 본인의 면접 노트를 만들어 본인의 개성이 오롯이 실린 답을 써 보도록 하자. 한 가지 질문에 한 가지 답이 아니라 할 수 있는 모든 답을 붙여 보자. 그렇게 다듬는 과정에서 나만의 살아있는 답변이 나온다.

질문 1 **본인만의 강점은 무엇입니까?**

이 같은 질문을 받고 속으로 박수를 쳤는가, 당황했는가? 박수를 쳤다면 당신은 기본적인 준비가 된 사람이다. 일단 이 질문은 누구나 예상 가능한 질문임과 동시에 나를 상대방에게 좋은 이미지로 각인시킬 수 있는 절호의 기회이다.

준비된 당신이라면 자신의 장점이 무엇인지 몇 번이고 자문자답 했을 것이다. 그리고 그 내용은 명확하게 상대방에게 수긍시킬 수 있는 것이어야 한다.

쉽게 예를 한번 들어 보겠다. 여기 김태희 지원자와 전지현 지원자가 있다.

"김태희 지원자, 본인만의 강점은 무엇이라고 생각하세요?"

○○○ 네, 저의 강점은 독하다는 것입니다. 저는 뭐든지 한 번 결심하면 끝까지 독하게 물고 늘어지는 성향이 있습니다. 사실 저는 몸무게가 80kg이나 나갔던 적이 있었습니다. 그때는 제 인생의 꿈도 없었고 하고 싶은 것도 없었던 시절이었는데, 승무원의 꿈을 가지게 된 이후부터는 독한 마음을 품고 다이어트를 시작했습니다. 중간에 많은 시련이 있었지만, 저는 끝까지 포기하지 않고 현재의 몸무게인 50kg으로 만들었습니다. 승무원이 되어서도 독하게 참고 견디며,

훌륭한 승무원이 되겠습니다.

"자, 그럼 그다음 전지현 지원자, 본인의 강점은 무엇이라고 생각하세요?"

○ ○ ○ 네, 저의 강점은 헌신이라고 생각합니다. 저희 부모님은 의사이십니다. 젊은 시절부터 국내의 오지나 해외의 난민캠프에서 의료활동을 펼치셨습니다. 저도 그분들의 곁에서 먼 타국의 가난한 이들을 돌보며 살아왔습니다. 타인을 위한 헌신을 저희 부모님은 생활의 한 방식이라고 강조하셨고 저도 그것을 몸소 체험하며 살아왔습니다. 제 생각에 항공기의 승무원도 입은 옷만 다를 뿐 그 일의 본질은 헌신과 봉사가 아닐까 합니다. 제가 만일 ○○항공사의 유니폼을 입게 된다면 저의 승객에게 먼저 다가가는 승무원, 봉사하는 마음으로 올곧게 보살피는 승무원이 되겠습니다.

여러분이라면 어떤 사람에게 좋은 점수를 주겠는가? 나라면 두 번째 지원자인 전지현 씨에게 좋은 점수를 줄 것이다.

첫 번째 지원자의 답도 나쁘지는 않다. 답변에 개성이 있으며 항공사에 들어오기 위한 노력이 담겨 있다. 하지만 직종에 어울리는 답변이라고 하기엔 좀 무리가 있다. 반면, 두 번째 지원자의 답변에는 승무원에게 가장 필요한 헌신과 봉사의 정신이 녹아 있다. 이는 면접관에게 강렬한 인상으로 남을 수 있다. 대단한 부모를 가지고 있지 않아도 괜찮다. 이 사람처럼 헌신이 생활인 사람이 몇이나 되겠는가. 하지만 승무원 정신의 핵심을 찾아 자신의 삶에 그것을 녹여 말해야 한다.

그렇다면 첫 번째 지원자의 답변을 좀 바꾸어 보자. '독하다'라는 표현보다는 좀 더 부드럽고 긍정적으로 보일 수 있는 '끈기'로 대체하겠다.

○ ○ ○ 네, 저의 강점은 끈기라고 생각합니다. 저는 한번 이루고자 하는 목표가 생기면 그것을 달성할 때까지 한눈팔지 않고 몰두하는 강한 근성을 가지고 있습니다. 사실 저는 몸무게가 80kg이나 나갔던 적이 있었습니다. 그때는 제 인생의 꿈도 없었고 하고 싶은 것도 없었던 시절이었는데, 승무원의 꿈을 가지게 된 이후부터는 독한 마음을 품고 다이어트를 시작했습니다. 중간에 많은 시련이 있었지만, 저는 포기하지 않고 현재의 몸무게인 50kg으로 만들었습니다. 많은 사람들이 승무원은 육체적으로 힘든 직업이라고 말합니다. 하지만 제가 ○○항공사의 승무원이 된다면 그 어떤 어려움과 힘든 시간이 와도 저의 이런 끈기로 이겨내며 언제나 고객에게 행복과 즐거움을 전하는 승무원이 되겠습니다.

내용은 첫 번째 답변과 다를 것이 없다. 그러나 느낌이 부드럽고 듣는 사람도 기분 좋은 이야기로 바뀌었다.

대답을 할 때 항상 기억할 것은 내가 하고 싶은 말을 하기보다는 상대방이 듣고 싶은 말을 해야 하며, 부정적인 단어보다는 긍정적인 단어를 선택해 좀 더 밝은 이미지로 포장해야 한다는 점이다.

질문 2 **라면이 제공되지 않는 노선에서 라면을 달라고 우기는 고객이 있습니다. 어떻게 하시겠습니까?**

당신이 지원한 항공사에서 어떤 기내 서비스를 하고 있는지, 어떤 식사 메뉴가 제공되는지, 어떤 기내 면세품을 팔고 있는지에 대한 기본 정보는 항공사 홈페이지를 통해 파악하고 있어야 한다. 알면 좋은 게 아니라 반드시 습득하고 외워야 한다. 그래야 좀 더 정확한 답변을 할 수 있다.

일반적으로 없는 것을 요구하는 승객의 응대법은 다음과 같다.

> STEP 1   고객의 상황을 이해하고 공감한다.
>
> STEP 2   원하는 것을 제공하지 못하는 것에 대한 사죄 및 양해를 구한다.
>
> STEP 3   대체할 만한 다른 아이템을 권한다.
>
> STEP 4   추후 반응을 살피고 확인한다.

위와 같은 질문에는 이렇게 대답하면 좋을 것이다.

○○○ 저는 '아, 손님. 비행시간이 좀 길다 보니 출출하시죠? 그런데 정말 죄송합니다만 이 노선에서는 라면이 제공되지 않습니다. 저희가 간식으로 샌드위치가 좀 있는데 음료와 함께 드릴까요?'라고 여쭤보며 대체 간식을 제안해 드리고, 샌드위치와 음료를 다 드신 후에는 '샌드위치 맛있게 드셨습니까? 원하시는 것을 제공해 드리지 못해 다시 한 번 죄송합니다. 그렇지만 제가 손님 얼굴을 꼭

기억해 두었다가 다음에 라면이 제공되는 노선에서 다시 뵙게 된다면, 그때는 정말 최고로 맛있는 라면을 끓여 드리겠습니다.'라고 답하겠습니다. 일단 손님의 배가 고프신 상황을 이해하고 공감하며, 원하시는 것이 무조건 없다고만 하지 않고 대체될 수 있는 것을 권해드려 최대한 만족스러운 서비스를 하는 승무원이 되겠습니다.

또한 만약 기내 상품으로 라면을 판매하는 항공사의 경우는 어떻게 해야 할까?

○ ○ ○ 저는 '손님, 정말 죄송합니다만 저희 항공사에서는 라면이 따로 제공되고 있지는 않습니다. 그러나 비행을 하다가 라면의 얼큰한 국물을 종종 찾으시는 분들을 위해 저희가 유상판매 상품으로 컵라면을 4,000원에 판매하고 있습니다. 혹시 괜찮으시다면 하나 가져다 드릴까요?'라고 최대한 예의 바르게 라면 유상판매를 알려드리고, 드시겠다고 하면 최대한 신속하게 맛있는 라면을 끓여 드리도록 하겠습니다.

이 대답을 들은 회사의 CEO는 눈에서 하트가 그려질 것이다. 아직 회사에 입사도 하지 않은 예비 승무원이 기내 판매로 회사 수익을 올릴 생각까지 하고 있으니, 어찌 예뻐 보이지 않을 수 있겠는가?

질문 3 우리 회사 말고 다른 회사에도 지원했던 적이 있나요?

"네, 현재 이곳도 지원했지만, 다른 항공사의 면접도 함께 준비 중입니다. 저는 아직 나이가 젊고 가능성도 많이 열려 있다고 생각합니다. 그래서 될 수 있는 한 많은 곳에 지원해 보고자 합니다."

이런 대답은 머릿속에서 싹싹 지우자. 설사 국내 항공사뿐만이 아니라 해외항공사까지 양다리, 세 다리를 걸쳐 놓았다 하더라도 굳이 면접장에서 시시콜콜하게 다 말할 필요는 없다.

질문을 받고 난 후 생각해야 할 점은 답변에서 나의 어떤 점을 부각할 것인지이다. 그런데 위의 답변은 상대방에게 그 어떤 긍정적인 이미지도 심어주지 못한다. 면접관은 여기저기 문어발식으로 지원하는 지원자는 원하지 않는다. 오로지 우리 회사만을 바라보고 우리 회사만을 지원한 충성도 강한 '해바라기'를 바란다.

○○○ 저는 타 항공사에는 지원하지 않았습니다. 저의 꿈은 승무원이 되는 것이 아니라 ○○항공의 승무원이 되는 것이기 때문입니다. 저는 매일 아침 등굣길에 ○○항공 관련 신문기사를 찾아보고, ○○항공 트위터, 페이스북을 팔로우하면서 제 주위 지인들에게는 이미 '○○항공 바라기'로 유명합니다. 저는 의리와 신의를 중요하게 생각합니다. 제 가슴속에 ○○항공의 이름을 새긴 만큼, 입사 후에는 그 어떤 어려움이 닥친다 하여도 흔들리지 않고 정년퇴직하는 그날까지 근면하고 성실하게 ○○항공의 발전을 위해 항상 노력하는 승무원이 되겠습니다.

그래, 바로 이것이 정답에 가깝다. 당신은 이때 연기자가 되면 더 좋다. 풍부한 표정, 진솔해 보이는 말투가 합세하면 면접관은 당신을 진지하게 바라볼 것이다. 그전에 거울 앞에서 말하기 연습을 하자. 처음에는 멋쩍겠지만 하다 보면 자신의 모습에 익숙해지고 어떤 모습이 자연스러운지 알아갈 수 있다.

실제로 승무원 중에서 고객과 만나 결혼한 사례도 있다. 그러나 그건 정말 흔치 않은 일이며, 회사 유니폼을 입고 공식적인 업무를 수행하고 있는 승무원이 개인적인 만남을 위해 비행 중 개인적인 연락처를 주고받는 행위는 옳지 않다. 그러나 내가 수업 중 이와 같은 질문을 학생들에게 하면 의외로 '조용히 연락처를 드리겠습니다.'라고 대답하는 학생이 있다. 정말 위험한 생각이며 면접에서 점수를 다 까먹는 대답이다.

○○○ 저 같이 특별히 예쁘지도 않은 사람한테 데이트 신청을 했다는 건, 분명히 제 얼굴보다는 저희 회사 유니폼이 너무 예뻐서 그 후광효과가 아닐까 생각됩니다. 그래서 유니폼이 아닌 사복을 입고 고객을 만난다면 아마 저에게 엄청나게 실망하실 것 같아서 그 만남은 갖지 않겠습니다. 그리고 저는 공과 사를 분명히 나눌 줄 알기에 업무 중에 만나게 되는 승객과는 절대 따로 밖에서 만남을 갖지 않겠습니다. 그러나 제가 너무 단호하게 그 남자고객께 말씀드리면 그분께서 너무 무안해 하실 수 있으니 비행기에서 내리시는 순간까지 최선을 다해 서비스를 해드리겠습니다. 그리고 내리시기 전에 살짝 가서 '저를 또 보고 싶으시면 다음에도 저희 항공사를 이용해 주세요.'라고 말씀드리겠습니다. 그래서 제가 아닌 저희 항공사를 사랑하는 단골고객으로 만들어 항공사 수입에 보탬이 되는 승무원이 되도록 하겠습니다.

위와 같은 대답이면 면접관들이 웃으며 기특해 할 것이다. 일단 '제 얼굴이 특별히 예쁘지도 않은데'라는 말로 겸손을 부각시켰다. 그리고 본인이 예뻐서가 아니라 항공사의 유니폼이 예쁜 것이라며 항공사 유니폼을 칭찬해 주었다. 회사에 속한 사람으로서 본인 회사에 대한 칭찬을 들으니, 이 또한 기분 좋은 일이다.

그리고 '유니폼이 아닌 사복을 입고 고객을 만난다면 아마 저에게 엄청나게 실망하실 거 같아서 그 만남은 갖지 않겠습니다.'라는 유머러스한 표현을 통해 상대방에게 웃음을 자아낼 수 있으니 위트 넘치는 지원자라고 생각될 것이다. 또한 공과 사를 분명히 구별할 줄 아는 단호함, 더불어 끝까지 승객이 무안함을 느끼시지 않도록 서비스로 마음을 풀어주겠다는 배려, 마지막으로 항공사의 단골고객으로 만들어 항공사 수입에 보탬이 되게 하겠다는 기특한 마음이 면접관의 마음을 사로잡을 것이다.

계속 생각하자. 어떻게 대답하는 것이 면접관 마음에 들 수 있을지! 그리고 나만의 답을 지금 바로 써보자. 겸손과 단호함, 칭찬과 배려를 모두 배치할 수 있는 답이라면 더 좋을 것이다.

질문 5 한류 열풍에 관해 어떻게 생각하세요?

모두 알다시피 한류는 일시적인 현상이 아니다. 요즘은 특정 연예인에 대한 열풍을 넘어서 건강검진, 성형수술을 하기 위한 의료 관광, 제주도 관광 등 여러 목적으로 중국과 일본을 포함한 동남아 국가에서 한국을 방문하고 있다. 때문에 당신은 한류와 항공사 간의 상관관계를 연구할 필요가 있다. 그 속에 면접관이 원하는 답이 들어 있기 때문이다.

"저는 지난여름 제주도 여행을 간 적이 있었습니다. 그런데 제주로 가는 비행기에서부터 중국 사람이 너무 많아 좀 불편했습니다. 비행기 타는 줄에서 새치기도 서슴지 않았고 또 비행기에서도 너무 시끄러워서 편히 쉴 수가 없었습니다. 제주도에 내려서도 여기가 중국 땅인지 한국 땅인지 구별이 되지 않을 정도였습니다. 특히 《대장금》이라는 드라마의 촬영지에 갔을 때는 중국인들로 넘쳐서 사진 찍기도 불편했습니다. 그래서 저는 한류열풍이 마냥 좋은 것이 아니라 한국인으로서는 불편한 점도 좀 있다고 생각합니다."

바로 이 대답, 이게 바로 0점짜리이다. 항공사의 승무원이 되겠다는 사람이 이런 식의 논리를 펼친다면 그 사람은 자격이 없다고 본다. 승무원은 세계인이라는 마인드를 가지고 있어야 한다. 상대가 누구든 고객이라면 공정한 시선을 가지고 있어야 하며 항공사의 얼굴로서 어떤 것이 항공사에 도움이 되는지 판단할 수 있어야 한다.

○ ○ ○ 저는 한류열풍을 매우 긍정적으로 생각하고 있습니다. 케이팝이나 《별에서 온 그대》와 같은 드라마로 인해 여러 나라에서 대한민국을 찾아오는 외국인들이 많이 증가하고 있습니다. 저는 이것이 항공사의 수입과도 매우 밀접한 관계가 있다고 생각합니다. 한류열풍이 장기간 지속된다면 한국을 방문하는 관광객들 덕분에 ○○항공이 보다 많은 이윤을 창출할 수 있으므로, 저희 승무원들도 더 높은 책임감을 가져야 한다고 생각합니다. 저희가 서비스를 잘해드리면 저희 항공사에 관해 좋은 기억을 가지고 저희 ○○항공을 다시 이용하실 가능성이 크기 때문입니다. 이러한 선순환 속에서 한 몫 톡톡히 해내는 승무원, 고정고객을 유치하여 우리 항공사에 도움이 되는 승무원이 되도록 하겠습니다.

회사는 수익을 창출하는 조직체이다. '어떻게 하면 돈을 더 많이 벌 수 있을까?'가 궁극적인 고민이다. 늘 그런 고민에 싸여 있는 항공사 임원이나 CEO 앞에서 위와 같은 대답을 했다고, '일개 승무원 주제에 항공사 수입에 관심을 가져? 오버하고 있네?'라고 생각하는 사람은 단언컨대 없다.

여러분은 풋내기다. 그리고 상대는 노련하고 엄청난 경험을 가진 전사들이다. 그들은 당신 발언에 '어떻게 저런 생각까지 했지? 기특하네!'라고 생각할 가능성이 크다. 그게 일반적인 대선배들의 마음이다.

지원자들이 가장 곤혹스러워하는 질문이 바로 '우리 기업의 단점'에 관해 묻는 질문이다. 단점이 있다고 해야 하나, 없다고 해야 하나. 설사 있다고 하더라도 어느 정도 수위까지 말을 해야 하는지 감을 쉽게 못 잡는다.

우선 생각해 보아야 할 문제는 '도대체 왜 면접관은 회사의 단점에 관한 질문을 하는가?'이다. 국내의 한 항공사 CEO의 말을 인용하면 다음과 같다.

"우리 회사의 단점에 관해 묻는 이유는 지원자가 우리 회사에 얼마나 관심이 있는지를 알고 싶어서죠. 사실 대중이 우리 회사에 관해 어떻게 평가하고 있는지 궁금하기도 하거든요. 면접에서 많은 사람들이 장점에 대해서는 사탕 발린 말을 많이 하더군요. 그런데 단점에 관해 말해달라고 하면, 말문을 못 여는 경우가 많아요. 그래도 저는 단점에 대해서 말해주는 지원자가 좋더라고요. 그리고 그 사실이 객관적인 사실일 때, 정말 와 닿죠. 'SNS를 통한 마케팅 방법이 조금 더 적극적이었으면 좋겠다.'라든지 혹은 '기내식의 종류가 조금 다양했으면 좋겠다'라든지. 이런 말을 하는 건, 어느 정도 우리 회사에 관심을 가지고 사전에 조사했다는 거니까요. 그런데 객관적인 사실이 아닌 주관적인 평가, 예를 들면 직원들이 불친절하다든지, 직원이 못생겼다든지⋯⋯ 이런 경우에는 단점을 얘기했다고 볼 수 없지요.

조금이라도 생산적인 아이디어를 가지고 보탬이 되는 직원, 창의성이 있는 직원, 내가 소속한 회사에 관심을 두고 발전적인 생각을 해주는 직원을 바래요."

항공사 CEO의 생각을 들어보니, 왜 그런 질문을 하는지 이해가 된다. 그런데 가끔은 진짜 그 회사의 단점이 찾으려고 해도 찾지 못할 경우도 있다. 그렇다고 '모른다', '없다'라고만 할 수는 없으니 그럴 땐 이렇게 대답하는 것이 좋겠다.

> ○ ○ ○ 면접관님, 죄송하지만 이번 질문에는 제가 답을 못 해 드릴 것 같습니다. 왜냐하면 제가 생각하기에 진에어는 그 어떤 항공사보다도 강점이 많은 항공사로 단점을 찾을 수 없기 때문입니다. 제가 진에어에 지원한 이유도 바로 단점을 찾아볼 수 없는 완벽한 항공사이기 때문입니다. 진에어는 LCC 최초로 보잉 777 항공기 도입과 모 회사인 대한항공과의 공동운항 등의 협력강화로 눈부신 성장 속도를 보이고 있습니다. 2015년도에 도입 예정된 737 항공기 4대와 보잉 777 항공기 2대뿐만 아니라, LCC 최초의 장거리 노선 취항으로 더 크게 성장할 진에어에서 승객에게 정성 어린 서비스를 하는 승무원이 되고 싶어 이 자리에 섰습니다. 따라서 저에게 진에어의 단점을 물으신다면 저는 아무것도 대답할 수가 없습니다. 죄송합니다.

또 다른 방법은 주위의 평판이나 신문기사를 인용하는 것이다. 그러나 이 또한 단점을 단점으로 치부하기보다는 장점으로 승화시켜 듣는 상대방의 기분을 상하지 않도록 해야 한다.

○○○ 저는 다른 저비용 항공사와 마찬가지로 ○○항공의 기장(조종사) 연령이 높다는 기사를 본 적이 있습니다. 하지만 저는 이것이 왜 문제가 되는지 도무지 이해가 되지 않습니다. 오히려 기장님들의 연령이 높다는 것은 그만큼 비행 경험과 노하우가 많다는 것이고, 젊은 기장님들보다 실력도 출중하시니 비행이 더 안전하다고 생각하기 때문입니다. 그래서 제가 만약 ○○항공의 승무원이 된다면 이 점을 굉장히 자랑스럽게 생각할 것 같습니다. 또한 손님들에게 ○○항공은 베테랑 기장님들이 계셔서 그 어느 항공사보다 안전하다고 홍보하는 것에 앞장서겠습니다.

얼핏 생각하면 답이 간단해 보이지만, 막상 답변으로 말하려면 말문이 막히기도 한다. 항공사에 관해 꾸준히 조사하고, 그 조사한 내용을 들여다보며 어떤 식의 답변이 좋을까를 몇 번이고 생각해보고 써 봐야 한다. 그런 과정을 거치면 위험을 피하고 안전하고 단단한 길이 보인다. 그런 사람만이 가점을 받을 수 있다.

질문 7 혹시 추천하고 싶은 여행지가 있나요?

항공사와 관광지는 어떤 관계일까? 승무원을 꿈꾸는 당신이라면 반드시 생각해 봐야 할 질문이다. 답의 핵심은 공생관계. 그래서인지 항공사 면접에서는 '추천하고 싶은 관광지'에 관한 질문이 잦다.

"저는 가족이나 친구들과 함께 갈 수 있는 포천에 있는 힐링캠핑장을 추천해드리고 싶습니다. 지난 겨울방학에 친구들과 이 캠핑장을 다녀왔는데 거리도 가까워 부담도 적고 저렴한 가격으로 갈 수 있어서 좋았습니다. 특히 캠핑장에서는 아름다운 야경을 보며 바비큐를 해 먹을 수도 있어서 더 좋았고, 근처에 래프팅도 할 수 있는 시설이 완비되어 물놀이도 할 수 있었습니다."

제일 피해야 할 답변이다. 친구들이랑 놀러 간 얘기, 뭐 하고 놀았다는 얘기, 뭘 먹었다는 의미 없는 얘기다.

그리고 포천은 항공사와 전혀 상관이 없다. 이 같은 답변을 한 사람은 소중한 기회를 버린 것과 진배없다. 면접장에서의 답은 어떤 식으로든 항공사와 연결되어야 한다. 그건 그리 어렵지 않다. 특히 여행지라면 더욱 그렇다.

○ ○ ○ 제 첫 번째 해외 여행지였던 푸껫을 추천해드리고 싶습니다. 옥색의 피피 섬 해변은 제 두 눈이 의심스러울 정도로 맑았으며, TV 속에서만 보았던 영화 007시리즈의 촬영지로 유명한 제임스 본드 섬도 정말로 멋졌습니다. 그리고 푸껫이 세계적인 휴양지인 만큼 다양한 축제가 펼쳐지는데 그중 9월에 열리는 채

식주의자 축제가 유명하다고 합니다. 다이어트에 관심이 있는 저도 기회가 된다면 채식주의자 축제 때 한 번 더 가보고 싶다는 생각이 들어 주위 친구들과 계획을 짜고 있습니다. 또한 푸껫은 현재 아시아나항공이 매일 운항하고 있어 편리하게 이용할 수 있는 여행지로 그 누구에게 추천해도 손색이 없을 것이라고 생각합니다. 저도 고객들에게 푸껫처럼 좋은 인상으로 남는 아시아나항공의 아름다운 승무원이 되겠습니다.

○ ○ ○ 저는 티웨이항공이 현재 주 7회 취항하고 있는 태국의 파타야를 추천해드리고 싶습니다. 저는 작년에 처음으로 해외여행을 가게 되었는데 티웨이항공 웹진(Web-Magazine)의 도움을 많이 받았습니다. 웹진에 푸껫 여행정보가 자세히 실려 있어 매우 유용하게 활용했던 기억이 있습니다. 처음이라 그런지 낯선 땅이 조금은 무섭기도 했지만 저를 반기는 뜨거운 태양, 수박 주스와 망고의 맛은 지금도 잊을 수 없을 정도로 인상적이었습니다. 사실 저는 누구에게나 첫 여행이 가장 기억에 많이 남을 것이라 생각합니다. 처음이기 때문에 새롭고 신기하며 소중할 것입니다. 저희 티웨이항공 승객 모두가 여정에서 처음 만나는 사람이 승무원인 만큼 제가 티웨이항공 승무원이 된다면 여행의 즐거운 마음을 그대로 간직하신 채 내리실 수 있도록 모든 서비스에 최선을 다하는 승무원이 되겠습니다.

위의 예는 모두 해외로 들었지만, 국내선을 중심으로도 얼마든지 스토리를 만들어 낼 수 있다. 일단 면접을 보는 해당 항공사가 국내에 몇 개의 노선이 있는지부터 확인을 해 봐야 한다. 그리고 기착지마다 어떤 도시, 어떤 관광지가 있는지 연결시켜야 한다.

　추천하고 싶은 여행지를 말할 때 경쟁사만 운항하고 있는 항공편 도시를 이야기해서도 안 된다. 어디까지나 면접을 보러 간 바로 그 ○○항공의 항공편으로 갈 수 있는 지역을 소개해야 한다. 설마 이 간단한 논리를 이해하지 못하는 사람은 없으리라 믿는다.

질문 8 당신이 면접관이라면 어떤 기준으로 사람을 뽑겠습니까?

이 질문은 첫 번째 질문인 '본인만의 강점은 무엇입니까?'와 같이 속으로 쾌재를 불러야 할 질문이다. 자신의 강점을 어필할 수 있는 절호의 기회이기 때문이다. 이 질문의 대답에는 반드시 자신의 장점을 드러내야 한다. 그리고 왜 그 장점이 중요한 포인트가 되는지 설명하고, 자신이 그 기준에 가장 적합한 사람이므로 꼭 나 같은 사람을 뽑아야 한다고 센스 있게 마무리하면 된다.

○ ○ ○ 제가 만약 면접관이라면 앞으로 어떤 승무원이 되고 싶은지를 물어볼 것 같습니다. 왜냐하면 앞으로의 포부가 얼마나 명확한지에 따라 지원자가 어떻게 회사 생활을 하게 될지 예상할 수 있기 때문입니다. 제가 이 질문을 받는다면, 저는 저와 만나는 모든 사람들에게 행복과 즐거움을 전하는 승무원이 되고 싶다고 말씀드릴 것입니다. 제가 가장 존경하는 테레사 수녀님의 명언 중에 '당신을 만나는 모든 사람이 당신과 헤어질 때는 더 나아지고 더 행복해질 수 있도록 하라.'라는 말이 있습니다. 저는 이 말처럼 고객이 더 행복해질 수 있도록 노력하는 승무원이 되고 싶습니다. 설레는 여행을 저로 인해 행복하게 시작하실 수 있다면 저 또한 즐겁고 보람된 여행이 될 것입니다. 365일 오직 고객을 위해 더 나은 비행이 될 수 있도록 최상의 서비스를 제공하는 대한항공의 승무원이 되겠습니다.

또한 다음 답변도 센스 있게 느껴질 수 있다.

○ ○ ○ 예의 있는 자세와 일에 대한 열정, 그리고 자기 자신을 사랑하는 자존감이 있는 사람을 뽑도록 하겠습니다. 자기 자신을 사랑하지 않으면 절대 다른 사람을 사랑할 수 있는 마음을 품을 수 없기 때문입니다. 그리고 건강한 신체와 긍정적인 마인드를 갖춘 사람을 뽑도록 하겠습니다. 왜냐하면 힘든 장거리 비행에 건강한 신체와 긍정적인 마인드가 없으면 자기도 모르는 사이 승객들 앞에서 피곤한 기색을 나타낼 수 있기 때문입니다. 그런데 면접관님, 어떤 사람을 뽑으실지 고민하지 마십시오. 일에 대한 열정, 자존감, 건강한 체력, 무한한 긍정 마인드로 똘똘 뭉친 사람이 바로 저 ○○○이기 때문입니다. 제가 ○○항공 승무원이 된다면 늘 예의 있는 자세로 승객을 대하고 열정 가득한 마음으로 비행에 임하며, 긍정적인 마인드로 늘 승객들에게 웃음과 편안함을 드리도록 하겠습니다.

질문 9 승무원 일을 하면서 얻을 수 있는 가장 큰 장점이 무엇이라고 생각하나요?

이 질문에 정말 많은 지원자들이 이런 답변을 한다.

"여행을 마음껏 다닐 수 있다는 것입니다."

"싼 가격으로 항공권을 살 수 있는 점이 가장 큰 장점이라고 생각합니다."

"다른 직업보다 높은 급여를 받는 것이라고 생각합니다."

승무원에게 비행은 일이다. 많은 지원자들이 승무원이 되면 세계 여행을 공짜로 간다고 생각하는데, 절대 그렇지 않다. 물론 다른 일반인보다야 해외 체류기회가 많은 것은 사실이다. 그러나 승무원은 근무형태로 간 것이기에 현지에서의 생활에 제약을 받는다. 일단 호텔로 돌아와야 하는 통금시간이 있다. 그리고 비행을 끝내고 쉬지 않으면 다음 비행에도 차질이 발생할 수 있어 여행하기보다는 숙소에서 쉬는 것이 대부분이다.

그러니 여행을 마음껏 다닐 수 있다는 얘기를 하는 것은 실상을 제대로 몰라서 하는 얘기이고, 또 모른다고 하여도 입사도 하기 전에 놀 생각부터 한다는 인상을 줄 수 있으니 절대 해서는 안 될 얘기다.

또한 싼 가격으로 항공권을 사는 것도 그렇다. 물론 항공사 승무원뿐만 아니라 직계가족 모두가 할인된 가격으로 티켓을 구할 수 있다. 승무원으로 얻는 이점 중에 어쩌면 가장 크다고도 할 수 있는 장점이지만, 이 또한 입사도 하기 전에 싼 항공권으로 놀러 다니겠다는 의미로 밖에는 받아들여지지 않을 수 있다.

마지막으로 다른 직업보다 급여가 많다는 말도 틀린 얘기는 아니다. 솔직히 말해서 같은 나잇대라면 연봉으로 봤을 때 항상 상위 그룹에 위치하는 직군이 승무원이다. 그러나 돈만 보고 이곳에 왔다고 하면, 월급을 많이 주는 다른 곳이 나타나면 언제든 자리를 옮기겠다는 뜻도 될 수 있으니 이 또한 주의해야 한다.

그러면 도대체 승무원의 장점에 관해 어떻게 이야기해야 할까? 조금 다른 시선으로 승무원이라는 직업을 바라보도록 하겠다.

○○○ 승무원의 장점은 선을 베풀어 복을 받을 수 있는 직업이라는 점이 가장 큰 장점이라고 생각합니다. 목마른 사람에게 물을 주고, 배고픈 사람에게 밥을 주는 일인 만큼 이보다 복 받을 수 있는 직업이 어디 있을까 생각합니다. 승무원은 따로 시간을 내어 봉사활동을 하지 않아도 일을 통해 언제든 선을 베풀 수 있습니다. ○○항공의 승무원이 되어서도 덕을 쌓는다는 마음가짐으로 언제나 승객들의 안위를 살피고 편안하게 모시는 승무원이 되겠습니다.

○○○ 승무원의 장점은 지루하지 않은 다양한 삶을 살 수 있다는 것입니다. 어느 날은 간호사의 역할을, 어느 날은 놀이방 선생님의 역할을, 또 어느 날은 부모의 역할을 하면서 고객들과 함께 살아갈 수 있다고 생각합니다. 늘 새로운 모습으로 고객에게 필요한 역할을 정확히 해내는 ○○항공사의 승무원이 되겠습니다.

승무원의 장점을 표면적으로만 보지 말고, 남들이 생각하지 못하는 또 다른 시각으로 바라본다면 이보다도 더 창의적인 답변이 나올 수 있으리라 생각한다. 흔히 사람들은 남과 다른 생각을 하면 위험하다고 생각한다. 때론 그렇게 교육받을 때도 있다. 하지만 자기만의 독특한 생각과 행동을 하는 사람들이 세상을 바꾼다. 차별화된 답변을 하기 바란다면, 일단 질문을 바라보는 시선을 바꾸어야 한다는 점을 명심하자.

승무원 채용은 학점이 좋다고 붙고 학점이 나쁘다고 떨어지는 것은 결코 아니다. 다만, 학점은 그 사람의 성실성을 판단하는 근거가 된다. 대학교 시절에 학점이 나쁘다면 당연히 '대학 시절에 공부는 안 하고 놀기만 했나?'라는 선입견이 생길 테고, '학교생활도 불성실하게 했으니 우리 회사에 들어와서도 대충 일하는 거 아니야?'라는 생각까지 들게 할 수 있다. 반대로 학점이 좋으면, '대학 생활 충실히 잘했구먼, 성실한 친구겠네!'라고 첫인상을 가지게 될 것이다. 그러니 성적이 좋은 것이 당연히 유리하다.

기타 자격증도 마찬가지다. 외국어 자격증을 제외하고는 특별히 항공사 객실 승무원에게 요구되는 자격증은 없다. 또한 있다고 해서 가산점이 있는 자격증도 없다. 다만 다양한 자격증을 많이 취득한 지원자가 있다면, 평소 성실하고 일할 준비가 되어 있는 사람으로 평가 받을 수 있다.

다시 학점에 관련된 질문으로 돌아와, 학점을 좋게 받은 노하우에 관해 "제가 원래 머리가 좋아 아이큐가 높습니다.", "원래 전공과목에 남다른 재능이 있었던 게 그 이유인 것 같습니다."라고 답하면 0점짜리다. 일단 두 답변 모두 겸손하지 않다.

내가 존경하는 선배 사무장이 이런 얘기를 한 적이 있다.

"출근할 때에 집에 두고 나와야 할 게 있어. 그건 바로 알량한 자존심이야!"

나는 그 말에 동의한다. 물론 안전에 악영향을 끼치는 행동을 일삼는 승객이 있다면 단호하게 대처해야 하겠지만, 일반적인 서비스를 하는 경우 승무원은 고객 한 분 한 분을 소중하게 모셔야 한다. 승무원의 제1의 미덕은 바로 겸손이다. 회사는 승객을 잘 모실 수 있는 잠재력을 가진 사람을 뽑는다. 따라서 겸손하지 않고 자기 잘난 척을 일삼는 사람은 채용절차에서 걸러지기 마련이다.

○○○ 저는 어쩔 수 없이 휴학하고 학비와 생활비를 벌어야 했던 시간이 있었습니다. 복학을 하고 나니, 후배들 틈에서 학교생활을 하게 되었습니다. 선배라는 자리가 은연중 부담이었고 제가 늘 모범이 되어야 한다는 생각이 들었습니다. 나이가 많다고 실습수업 열외를 생각하거나, 과제 발표를 후배들에게 미루기보다는 항상 앞장서서 수업에 참여하다 보니 저도 모르게 성적이 오르기 시작했습니다.

저는 ○○항공의 승무원이 되어서도 늘 배우는 자세로, 남보다 일찍 출근하여 비행준비를 하고 마무리까지 확실히 챙기는 성실하고 모범적인 승무원이 되도록 노력하겠습니다.

그럼 반대의 경우를 살펴보자. 학점이 낮은 이유를 댈 경우에는 좀 난감하긴 하지만, 솔직하게 자신의 답변을 적는 것이 좋다. 아래의 예는 말 그대로 예시일 뿐이니 참고하고 본인만의 스토리로 바꾸어 보자.

○ ○ ○ 제가 중고등학교 시절에는 착하고 모범적인 아들이었습니다. 그런데 안타깝게도 제게 사춘기가 조금 늦게 찾아왔습니다. 대학교에 입학하자마자 제가 왜 이 공부를 하고 있는 것인지, 그리고 앞으로 무엇을 할 것인지에 대한 고민이 시작되었습니다. 학교에 가도, 친구를 만나도 즐겁지 않았습니다. 또한 제가 가지고 있는 모든 환경이 부족함이 없었음에도 고마워할 줄 몰랐습니다.

그렇게 방황의 시간이 길게만 흐르던 중 대학교 3학년 중반에 저의 대학 동기가 갑작스럽게 교통사고를 당해 사망한 사건이 발생했습니다. 그 친구 장례식장에서 영정사진을 보니, 망치로 뒤통수를 한 대 얻어맞은 듯했습니다. '살아있는 것 자체가 행복이구나! 왜 나는 그동안 삶에 대한 감사함을 모르고 살았지?'라는 생각이 들었습니다. 그때부터 다시 정신을 차리고, 제가 잘할 수 있는 일을 찾아 여기까지 오게 되었습니다.

면접관님! 저는 인생에 대한 고민과 방황을 이미 다 해버렸으니, 앞으로는 열심히 살 일만 남았습니다. 제가 ○○항공의 일원이 된다면 그 누구보다 적극적이고 열정적으로 일하는 승무원이 되겠습니다.

부정을 긍정으로 바꾸는 것은 오랜 숙고가 필요하다. 하지만 당신의 학업 성적이 좋지 않다면 그 부정을 깨고 긍정으로 나설 수 있었던 배경에 관해 설명할 줄 알아야 한다. 그래야 면접관도 당신을 대하는 인식에 변화가 생긴다.

질문 11 내일 지구가 멸망한다면, 오늘 무엇을 하시겠어요?

위의 질문에 이제까지 내가 들었던 이야기 중 가장 황당했던 답변은 아래와 같다.

"저는 교회에 가겠습니다. 그리고 살아온 동안 제가 지은 죄에 대해 속죄하고 교인들과 함께 손을 잡고 찬송가를 부르며 하느님의 나라로 올라가겠습니다."

나 또한 종교가 있지만, 그리고 이 답변이 그 지원자의 진심이라는 것은 잘 알고 있지만, 이는 불편한 진실에 가깝다. 왜냐고? 종교는 많다. 그리고 비종교인도 세상의 절반에 가깝다. 따라서 자기만의 종교적 색채를 내보이는 것은 위험하다.

위의 답변을 듣는 면접관의 종교가 모두 크리스천이면 그나마 다행이나, 무교 혹은 다른 종교인이라면 좋은 평가를 주지는 않을 것이다. 단지 교회를 다니지 않아서가 아니라 상대방의 입장을 충분히 배려하지 않는 인상을 주기 때문이다.

그 외의 답변은 이런 것들이 주를 이룬다.

"집에 일찍 들어가서 가족들과 마지막 저녁 식사를 하고 그동안 나누지 못한 얘기들을 나누겠습니다."

"은혜를 입었던 지인을 찾아가 감사의 인사를 드리겠습니다."

"그동안 모아둔 돈으로 꼭 사고 싶었던 물건을 사겠습니다."

"짝사랑하던 선배에게 고백을 하겠습니다."

뭐, 솔직해서 좋다. 그런데 이런 답변은 어떨까.

○ ○ ○ 저는 평소와 다름없이 하루의 일을 충실히 수행하고, 다른 날과 다르지 않은 하루를 보낼 것입니다. 왜냐하면, 지구가 내일 멸망을 할 수도 있지만 그렇지 않을 수도 있다고 생각하기 때문입니다. 저는 제 꿈을 이루기 위해 삶의 계획을 10년 단위로 짜며 세부 계획을 한 달 단위와 하루 단위로 짜는데, 만약 내일이 지구의 마지막이라고 하더라도 오늘 제 꿈을 이루기 위해 오늘 하루 또한 열심히 살면서 제 삶을 마무리한다면 후회도 남지 않을 것 같기 때문입니다. 하루하루 계획을 세우고 그것들이 모여 무언가를 이루었을 때의 성취감은 그 무엇과도 바꿀 수 없다고 생각합니다. 제 꿈은 ○○항공에서 일반 승무원이 아닌 최고로 평가 받는 최우수 승무원이 되어 임원이 되는 것입니다. ○○항공에 입사한다 하여도 제 꿈을 위하여 언제나 긍정적인 생각과 희망적인 생각만을 가지고 어려움을 이겨내는 최고의 승무원이 되겠습니다.

질문의 의도가 일반적인 것을 요구하지 않지 않는가? 이때는 즉흥적으로 이야기해서는 안 된다. 그럴 때일수록 더욱 냉정해져야 한다. 가장 중요한 것은 타인과 질문을 바라보는 시선이 달라야 한다는 것이다. 예상 가능한 답변보다는 면접관의 상상을 뛰어넘는 답안을 생각해 보자. 그런 대답이 나왔을 때 면접관은 당신을 눈여겨볼 것이다.

질문 12 우리 회사의 광고 중에 가장 인상에 남는 것은 무엇이었습니까?

우리나라 대형 항공사의 경우 TV 광고뿐만 아니라 기타 홍보에 관련된 투자도 많이 하고 있다. 항공사 취업을 원하는 당신이라면 당연히 그 광고도 눈여겨보아야 한다. 그러나 이제까지 항공사 광고를 눈여겨보지 않았다 하더라도 걱정하지 말자. 항공사 홈페이지에 들어가면 지난 광고 동영상을 모두 볼 수 있기 때문이다.

광고는 그 회사가 고객들에게 어필하고 싶어 하는 메시지를 담기 때문에 당신은 이를 적절하게 활용할 줄 알아야 한다. 광고를 보면, 반드시 그중 인상에 남는 광고가 있을 것이다. 느낌이 남다른 광고 동영상이 있다면 몇 번이고 반복해서 보자. 그리고 광고를 보고 난 후의 본인의 느낌을 글로 써 보라. 그리고 나의 스토리와 ○○항공사의 메시지를 연결해 새로운 이야기를 만들어 보자. 면접 시에는 면접관에게 그 광고를 매우 상세하게 설명할 수 있어야 한다. 면접관이 그 광고를 바로 떠올릴 수 있게 말이다. 그것이 바로 교감이다.

○ ○ ○ 저는 아시아나항공의 2011년 광고 중에 다문화 가정 아이들에게 모국어 도서를 지원하는 광고가 가장 기억에 남았습니다. 그 광고에서 '다문화 가정의 아이들이 가보고 싶은 엄마의 나라, 책으로 먼저 지원합니다. 아시아나의 꼬마 고객들은 엄마나라로 여행 중'이란 문구를 듣고 아시아나항공은 남들의 시선이 잘 닿지 않는 곳까지 손을 내밀어 주는 아름다운 기업이라고 생각했습니다.

현재 우리나라의 다문화 가정의 아이들은 12만 명이 넘는다고 합니다. 이미 우리나라의 일원으로 자리 잡은 아이들에게 아직도 차가운 시선이 존재하지만 아시아나항공이 이 광고를 통해 우리 사회가 나아갈 방향을 알려주었다고 생각합니다. 저도 아시아나항공의 승무원이 되어 인종과 관계없이 저희의 고객들 모두를 따뜻하게 보듬고 희망과 꿈을 전달하는 승무원이 되고 싶습니다.

○ ○ ○ 저는 대한항공의 광고 중 〈젊음〉 편이 가장 인상 깊었습니다. 여학생이 땀을 흘리며 달리기를 하는 장면과 함께 '그거 아니? 더 큰 비행기일수록, 더 멀리 나는 비행기일수록, 더 긴 활주로가 필요하다는 거. 힘들어도 포기하지 마. 넌 지금 날아오르기 직전이니까.'라는 내레이션이 나오는데 이 말이 크게 와 닿았습니다. 저 또한 대한항공 승무원이라는 꿈을 가지고 지금 이 순간까지 오면서 포기하고 싶었던 순간이 몇 차례 있었습니다. 그럴 때마다 제 자신을 잡기 위해 저는 대한항공의 이 광고를 찾아보곤 했습니다. '힘들어도 포기하지 마, 넌 지금 날아오르기 직전이니까'라는 말을 같이 외치며 다시 제자리로 돌아올 수 있었습니다. 저에게 늘 꿈과 희망을 준 대한항공의 일원이 된다면 포기하지 않는 그 마음을 잃지 않고 늘 열정을 다하는 승무원이 되도록 하겠습니다.

지금까지 내가 한 이야기를 충실히 듣고 이미 자기만의 노트를 만들어 준비를 시작한 이라면 이 미션이 그리 어렵지 않을 것이다. 하다 보면 세상과 나의 이야기의 접목이 그리 어렵지만은 않다는 것을 느낄 수 있을 것이다. 일단 하면 된다.

질문 13 본인만의 좌우명이 있나요?

좌우명을 말하라는 것은 본인의 인생관을 말하라는 것이다. 이는 자기소개만큼이나 신중하게 답해야 한다. 또한 사자성어로 말할 때는 한 글자씩 또박또박 말하고 그 뜻까지 상세하게 설명하는 것이 좋다. 그리고 좌우명처럼 살기 위해 어떤 노력을 했는지, 그리고 승무원 생활에 어떤 영향을 미칠지까지 밝히는 것이 좋다.

○ ○ ○ 저의 좌우명은 '초심불망(初心不忘)'입니다. 처음에 지닌 마음을 잊지 않으면 일을 그르치지 않는다는 뜻입니다. 어떤 분야에서든지 정상에 오르게 되면 자칫 교만과 오만에 빠져 추락하는 경우를 종종 볼 수 있습니다. 저 또한 고등학교 시절 꿈꾸던 대학교에 들어가기 위해 피나는 노력을 하여 입학을 했지만, 막상 입학하고 나니 긴장이 풀어져 1학년 성적을 망쳤습니다. 그때 깨달은 점이 이 초심불망인데요. 그 이후 후회되지 않을 대학생활을 위해, 그리고 제 꿈인 대한항공 승무원이 되기 위해 초심을 잃지 않으려 노력했습니다. 제가 대한항공에 입사한 이후에도 항상 초심불망을 되새기며 나태해지지 않고 늘 발전해 나가는 승무원이 되겠습니다.

○ ○ ○ 제 좌우명은 '마부작침(磨斧作針)'입니다. 도끼를 갈아 바늘을 만들 만큼의 노력과 실천을 강조하는 뜻으로 제가 어렸을 때부터 아버지께서 습관처럼 해주시던 말입니다. 저는 대학 시절 패밀리 레스토랑에서 1년 정도 아르바이트를 했던 경험이 있습니다. 처음 겪어보는 사회생활이 낯설고 힘들기도 했지만,

'우리 부모님도 이렇게 힘들게 돈을 벌어 나를 키워주셨구나.'하는 생각을 했습니다. 대한항공 승무원이 되기 위해 저뿐만 아니라, 여기에 계신 모든 지원자들이 열심히 노력하셨을 겁니다. 저는 잘난 것도 특별히 없고 어학 성적이 뛰어나지도 못했던 터라 많은 고민이 있었습니다. 그러나 도끼를 갈아 바늘을 만드는 심정으로 어학 공부와 면접 연습을 꾸준히 하여 이 자리까지 오게 되었습니다. 그 노력의 결과가 언젠가는 빛을 보리라 믿고 있습니다. 이제까지 저를 위하여 헌신해 주신 부모님에게 당당한 대한항공 승무원이 되는 모습을 보여 드리며, 대한항공 승무원이 되어서도 항상 '마부작침'을 되새기며 나태해지지 않고 늘 자기계발로 발전해 나가는 승무원이 되겠습니다.

혹 아직 좌우명이 없다면 지금부터라도 고민해 보라. 따지고 보면 스스로 판단 내린 인생의 지침 정도는 누구에게나 있다. 그 뜻에 합당한 사자성어나 유명인의 명언이 분명히 있을 것이다. 앞으로 할 일은 그것을 찾아 면접 노트에 써내려가는 일이다.

질문 14 제 생각에 ○○ 씨는 저희 회사와 잘 안 어울리실 것 같은데요. 본인 생각은 어떠세요?

지원자들이 위와 같은 질문을 받으면 대부분 당황한다. 그리고 우물거리다가 다음과 같이 답하는 경우가 많다.

"제가 부족함이 있다는 것으로 알고 더 노력하여 ○○항공에 어울리는 사람이 되어 다시 재도전하겠습니다."라고 하거나 "아닙니다. 저는 절대 그렇게 생각하지 않습니다."라고 반박하는 말로 시작하는 경우도 있다. 첫 번째 답변은 지고 들어가는 것이다. 스스로가 부족하다고 인정해 버리면 앞으로 진행될 면접도 엉망이 될 소지가 있다. 그렇다고 후자처럼 무작정 부정하고 반박해서도 안 된다. 면접관을 불쾌하게 만들 수 있고 예의 바르지 않은 사람으로 비쳐질 수도 있다.

이럴 경우에는 "말씀드리기 송구하지만……" 이라는 쿠션용어를 써서 일단 상대방의 마음이 상하지 않도록 하거나, "면접관님께서 그렇게 보실 수도 있겠지만……"이라는 말을 사용하여 우선 면접관의 말에 동의한다는 것을 은연중에 비추는 것이 좋다. 그 이후에 자신이 항공사에 어울리는 사람이라고 주장해야 한다. 이유는 명확해야 한다. 그러기 위해 해당 항공사의 미션이나 비전, 인재상을 적극적으로 활용하고 대입시켜야 한다.

○ ○ ○ 면접관님께서는 그렇게 보실 수도 있겠지만, 저는 이 자리에서 누구보다도 제가 티웨이항공의 인재상에 가장 적합한 사람이라고 생각합니다. 첫째도

안전, 둘째도 안전을 강조하는 티웨이항공에 가장 적합한 인재는 바로 '안전의 식'을 갖춘 사람이라고 생각합니다. 저는 '안전'만큼은 여기 있는 그 어떤 지원 자들보다 뛰어날 것이라고 자부할 수 있습니다. 저는 항공서비스과를 전공하면 서 '항공 안전실무'라는 과목을 통해 항공기 안전에 대한 상식과 안전의식을 습 득한 결과 A 플러스의 성적을 얻었습니다. 또한 인천과 김포국제공항의 항공안 전 플러스라운지에서 직접 시민들의 안전체험을 도와드리는 운영요원을 하면 서 항공 안전의 중요성과 책임감을 배웠습니다. 그렇기 때문에 저는 저 자신이 그 누구보다도 티웨이항공에 가장 적합한 인재라고 생각합니다. 꼭 티웨이항공 에 입사하여 안전 지킴이 승무원이 되겠습니다.

○ ○ ○ 이런 말씀드리기 송구스럽지만, 저는 단 한 번도 이 회사에 적합하지 않 다고 생각해 본 적이 없습니다. 저는 승무원이라는 꿈을 꾸고, 나아가 제주항공 의 승무원을 목표로 정말 최선을 다해왔습니다. 언제나 아침에 눈을 뜨면 제주 항공 페이스북에 먼저 접속하여 새로운 소식이 없는지 챙겨보고, 미소 연습을 할 때는 제주항공의 마스코트인 돌하르방을 보며 연습해왔습니다. 또한 제주항 공의 특화서비스인 풍선아트 서비스에 동참하기 위해 지난 2년 동안 풍선아트 를 하는 동아리에 들어가 풍선아트 하는 법을 익히고 이를 활용할 수 있는 사회 봉사활동에도 적극적으로 참여해왔습니다. 저에게 제주항공의 승무원이 될 기 회를 주신다면 입사 후에도 회사가 원하는 인재가 되고자 꾸준히 노력하겠습니 다. 제주항공의 미션처럼 신선한 서비스, 안전하고 즐거운 비행으로 고객과의 약속을 지키는 승무원, 바로 제가 그렇게 되겠습니다.

놀라고 당혹스러울 때 사람은 이겨나가려고 하기보다는 포기하는 경우가 많다. 둘 중 어떤 이가 삶을 잘 꾸려나갈지는 분명하다. 그토록 중요한 자리에서 자신의 명줄을 움켜준 사람이 부정적인 발언을 하면 당황할 수밖에 없다. 당연하다. 하지만 지면 안 된다. 심호흡을 하고 머릿속을 정리하자. 그리고 여유롭게 미소를 띠고 최대한 겸손하게 반박해야 한다.

질문 15 우리 회사하면 떠오르는 이미지는 무엇인가요?

'우리 회사는 남들에게 어떤 이미지로 비쳐질까?'

기업은 항상 궁금하다. 자신들이 고객들의 눈에 어떻게 보이는지를 말이다. 이는 꼭 기업주만이 아니라 일반 직원들도 늘 궁금해하는 문제이다. 그래서 다른 회사에 재직 중인 친구들을 만나면 이렇게 묻곤 한다.

"야! 너희가 보기에 우리 회사는 어때?"

바로 이 질문이 면접장으로 이어진다. 입장을 바꾸어 생각해보도록 하자. 면접관은 어떤 얘기를 듣기 원할까? 나와 면접관은 친구가 아니다. 친구라면, 가까운 지인이라면 허심탄회하게 이야기하고 상대도 그걸 바랄 것이다. 하지만 면접관과 지원자는 그런 관계가 아니다. 이럴 때는 정공법을 택해야 한다. 일단 칭찬부터 시작해야 한다.

○ ○ ○ 저는 티웨이항공 하면 '믿고 탈 수 있는 항공사'라는 이미지가 떠오릅니다. 티웨이항공은 2015년 4월에 국내 항공사 최초로 항공운송 표준평가 제도인 'IOSA 8th Edition'을 받았다고 알고 있습니다. 또한 티웨이항공사 홈페이지에서 안전관리시스템을 봤는데, 안전을 가장 중요하게 생각하는 항공사답게 세계 최초로 안전성과 지수 공개제도를 개발하고 도입했습니다. 첫째도 안전, 둘째도 안전을 중요시하는 티웨이항공사의 승무원이 된다면 저 또한 승객들이 최종 목적지까지 무사히 도착할 수 있도록 매 순간 안전을 최우선으로 여기는 승무원이 되겠습니다.

'믿고 탈 수 있는 항공사'라는 간결한 표현으로 상대방을 칭찬하며 시작했다. 또한 항공사의 특징과 가치를 잘 잡아냈다. 항공사의 중점 홍보 메시지를 이용하여 고객도 같이 느끼고 있다는, 그래서 고객들과 교감이 잘 되고 있다는 인상을 주었다. 이러한 답변을 하기 위해서는 평소 항공사에 관심을 많이 가지고, 면접 노트에 수시로 새로운 정보를 업데이트해야 한다. 또한 '지난달', 혹은 '예전에'와 같이 불분명한 표현 보다는 '2015년 4월'이라고 정확하게 명시하여 해당 항공사에 대한 관심이 많다는 것을 표현하는 것이 좋다.

○ ○ ○ 티웨이항공 하면 가장 먼저 떠오르는 이미지는 '애사심'입니다. 티웨이항공에 관련된 정보를 검색하다가 싸이의 '강남스타일'을 '티웨이스타일'로 패러디한 재미있는 영상을 본 적이 있습니다. 바쁜 일정에도 불구하고 현직 승무원들이 자발적으로 직접 출연하여 춤과 노래를 하는 것이 정말 인상 깊었습니다. 그리고 얼마나 회사를 사랑하는 마음이 깊으면 자발적으로 저런 홍보영상을 만들었을까 생각하니, 티웨이항공사의 사내 분위기 또한 가족적인 분위기일 거라는 생각이 들었습니다. 회사를 본인의 회사라고 느껴야 시간과 사비를 털어 그런 활동을 할 수 있다고 생각하기 때문입니다. 저 또한 티웨이항공의 승무원이 된다면 애사심 깊은 승무원이 되고 또한 우리 항공사를 홍보하는 데 힘쓰는 티웨이스타일 승무원이 되겠습니다.

서비스 인은 서비스에 진심을 담아야 한다. 실제로 착한 성품을 키워야 현장에서도 그 마음이 발현된다. 입사도 마찬가지다. 그 회사에 적을 두고 싶다면, 그 회사의 일원이 되고 싶다면 진심으로 그 회사를 알아나가야 한다. 당신이 그 회사에 들어가기 위해 진심으로 애정을 쏟고 있다면 그 진심은 면접장에서 충분히 도드라지게 되어 있다.

질문 16 우리 회사만의 특화서비스에 관해 알고 계신가요?

항공사의 특화서비스는 그 항공사를 대표하는 서비스라고 보면 된다. 국내 항공사가 7개로 늘어나면서 자사만의 차별화된 서비스를 경쟁적으로 내놓고 있다. 항공사에서는 서비스 하나를 승객에게 내놓기까지 부단히 고민했을 것이므로 이를 고객들이 어떻게 인식하고 있는지 궁금할 것이다. 또한 앞서 질문했던 '우리 회사하면 떠오르는 이미지는 무엇인가요?'와 마찬가지로 지원자가 우리 회사에 관해 알고 왔는지 체크하고자 던지는 질문이기도 하다.

항공사마다 서비스가 다르다. 면접자는 각 항공사의 특화서비스를 정리하기 위해 면접 노트 중 한 부분을 할애해야 한다. 열거할 것이 많은 경우에는 모두 적기보다는 총 몇 개의 특화서비스가 있는지 확인하고 그중 가장 인상 깊은 서비스를 찾아 집중하는 것이 좋다.

○ ○ ○ 아시아나항공은 현재 차밍서비스나 초크아트서비스 등 16개의 기내 특화서비스를 진행하는 것으로 알고 있습니다. 저는 그중에서도 특히 '오즈 러브레터' 서비스가 가장 인상적이었습니다. 그리운 사람에게, 사랑하는 사람에게 쓴 손편지를 우편을 통해 전달해 주는 이 서비스는 보내는 사람과 받는 사람 모두에게 진정한 감동과 사랑을 전달할 것이기 때문입니다. 제가 초등학교에 다니던 시절, 제가 어버이날 쓴 편지 한 장에 엄하기만 하셨던 아버지가 제 앞에서 눈물을 보이셨던 기억이 납니다. 제가 만일 아시아나항공에 입사한다면 '오즈 러브레터' 서비스로 승객들의 사랑을 전달해 줄 수 있는 승무원이 되겠습니다.

○ ○ ○ 티웨이항공은 풍선아트, 사진 촬영뿐만 아니라 밸런타인데이, 크리스마스 등 특별한 날 기내 이벤트가 있는 것으로 알고 있습니다. 또한 사전에 신청한 승객을 대상으로 기념일 이벤트를 진행하는 U'story 서비스와 기내에서 성악 또는 악기연주를 진행하는 '하늘 위의 음악회 서비스'가 있습니다. 이 중에서 저는 U'story 서비스 중 사진 촬영서비스를 제일 잘할 자신이 있습니다. 저는 고등학교, 대학교 시절 사진 동아리 활동을 통해 앵글 잡기, 여백과 시선 잡기, 구도법 등의 사진 기술을 연마했습니다. 제 생각에 사진만큼 여행의 기억을 남길 수 있는 매개체는 없다고 생각합니다. 제가 티웨이항공 승무원이 된다면 고객의 여행이 더욱 의미 있는 기억으로 남을 수 있도록 돕는 승무원이 되겠습니다.

그 많은 서비스에 당신이 어찌 노력할 것이지 일일이 열거할 수 없다. 하나 아니면 두 개를 선택해야 한다. 그리고 당신의 특기가 있다면 그것과 연결시켜 그 서비스와 당신이 얼마나 잘 어울리는지 설명하면 더 좋다.

질문 17 좋은 서비스란 어떤 것일까요?

서비스에 대한 정의, 혹은 좋은 서비스와 나쁜 서비스, 서비스 정신 등에 관련된 질문은 자주 출제되는 사항이므로 평소에 서비스에 대한 나만의 정의가 확실히 있어야 한다. 문제는 아직 승무원이 아니기에 서비스 경험이 많지 않다는 것이다. 이럴 때는 신문기사나 서적을 통한 간접경험을 활용해야 한다. 그리고 가능하면 서비스 아르바이트와 실습과 같은 경험을 하는 것이 좋다. 몸으로 직접 서비스를 경험하면 일단 면접에 활용할 스토리텔링 감이 생길 것이며 또한 자신이 과연 서비스업에 어울리는 사람인지도 알아볼 중요한 시험장이 될 수 있다.

○ ○ ○ 제가 생각하기에 좋은 서비스란 매뉴얼에 나와 있는 그대로 정해진 서비스만 제공하는 것이 아닌, 한 번 더 생각하고 한 발 더 앞선 서비스로 고객 만족을 넘어 감동을 줄 수 있는 서비스라고 생각합니다. 저는 패밀리 레스토랑에서 아르바이트했던 경험이 있습니다. 그곳에서 어떻게 하면 손님들이 더 기분 좋은 식사를 하실 수 있을까를 생각했고, 고민 끝에 고객들의 계산서에 포스트 잇으로 짧은 글을 써 드렸습니다. 커플 두 분이 오셨을 때는 '두 분이 너무 잘 어울리셔서 저희 매장의 분위기까지 밝아지는 것 같습니다.'라는 말을, 아이가 있는 가족이 왔을 때에는 '아기 웃는 모습이 무척 예뻐서 저도 힘이 납니다.'라는 말을 써 드렸습니다. 고객들도 저의 예상치 못한 서비스에 감동하고 칭찬의 글을 남겨 주기도 했습니다. 제가 ○○항공의 승무원이 된다면 고객 한 분 한 분을 모두 정성스럽게 모시는 승무원이 되겠습니다.

○ ○ ○ 제가 생각하는 좋은 서비스란 '센스 있는 서비스'입니다. 승무원이 할 수 있는 서비스는 무수히 많지만, 그중에서도 승객 입장에서 구체적으로 어떤 것을 원하는지 먼저 생각하는 '센스'가 가장 중요하다고 생각합니다. 예를 들어, '물 좀 주세요.'라고 요구하신 승객이 손에 약봉지를 쥐고 계시다면 조금 따뜻한 물을 드리고, 탑승한 후 자리에 앉으시자마자 물을 찾으신다면 냉장고에서 바로 꺼낸 시원한 물을 드리는 것입니다. 제가 ○○항공의 승무원이 된다면, 매 순간 한 번 더 고객 입장에서 생각하여 고객이 요구하기 전에 원하는 서비스를 해드릴 수 있는 센스 있는 승무원이 되도록 하겠습니다.

상상력은 그냥 생기지 않는다. 사실을 보고 느끼고 생각해야 한다. 결국 상상력도 노력으로 얻어지는 것이다. 자신이 지금껏 살면서 체득한 것을 바탕으로 승무원이 된 자신을 상상해보자. 그럼 이 질문에 대한 답이 선명하게 그려질 것이다.

질문 18 우리 회사가 현재 취항하고 있는 나라 수와 도시 수를 말해 보세요.

이 또한 항공사에 대한 정보를 얼마나 숙지하고 있는지에 관한 질문이다. 따라서 승무원을 준비하는 당신이라면 노트에 항공사별로 이 내용을 정리해 두어야 하며, 적어도 분기별로는 그 정보를 업데이트해야 한다. 그러나 수치가 조금 틀렸다고 탈락시키는 것은 아니다. 면접관은 정확한 정보를 알고 있느냐를 판단하기보다는 우리 항공사를 공부하고 준비했는지를 체크해 보는 것이다.

또한 질문이 취항하는 나라 수와 도시 수를 말하는 것이라고 하여 딱 그 답만 말하고 끝내면 안 된다.

○○○ 저는 대한항공이 현재 45개국 126개 도시로 취항하고 있다고 알고 있습니다. 그중에서도 중국의 25개 도시, 33개 노선을 취항하고 있으며, 한류와 한국 관광 열풍이 불면서 허페이, 난닝, 구이양 등에 신규 취항을 할 예정이 있다고 알고 있습니다. 그래서 저는 요즘 중국어 공부를 열심히 하고 있습니다. 제가 대한항공에 입사해서 국제선 비행을 하게 된다면 많은 중국인 승객을 마주하게 될 것이기 때문입니다. 미약하지만, 저의 이런 노력이 대한항공 승무원이 되어 중국 노선 서비스에 조금이라도 보탬이 되었으면 좋겠습니다.

○○○ 티웨이항공은 2015년 5월 기준으로 중국, 일본, 대만, 태국, 라오스 등 5개국, 국내 도시까지 포함해 22개 도시에 취항하고 있습니다. 얼마 전 신문기

사를 통해 〈뉴욕타임스〉에서 일생에 꼭 가봐야 할 여행지 1위로 '치유의 나라'로 불리는 비엔티안이 선정되었다는 기사를 보았습니다. 내년이면 저희 부모님의 결혼기념 30주년이 됩니다. 그동안 저희 남매를 남부럽지 않게 키우시기 위해 궂은일도 마다하지 않으시며 정말 고생 많이 하셨습니다. 그래서 부모님의 첫 해외 여행지를 결혼 30주년인 내년에 힐링의 도시인 비엔티엔으로 보내드릴 예정입니다. 그리고 제가 티웨이항공의 승무원이 되어 제가 일하는 비행기로 모시는 것이 현재 저의 꿈입니다. 면접관님, 저의 꿈이 이루어질 수 있도록 도와주지 않으시겠습니까?

어떤 질문이든 자신의 삶, 즉 자신을 드러내야 한다. 그게 상대방의 기억에 오래 남는 방법이다. 면접은 객관식이 아니다.

질문 19 동료나 상사가 커피 심부름을 시킨다면 어떻게 하시겠어요?

이 질문은 팀워크, 인간관계에 대한 질문이다. 사회는 사람으로 이루어져 있고 우리는 학교에 다니면서 이미 이 인간관계 때문에 울고 웃어봤다. 하지만 같은 시간을 보냈다고 해서 평탄한 길을 걸어 왔다고 할 수는 없다. 분명 인간관계를 형성하는 데 있어서 울음으로 점철된 길을 걸어온 이들도 있다. 그런 사람은 아쉽지만 성인사회에 진입하기 쉽지 않다. 더구나 한정된 공간에서 동료들과 호흡을 맞추며 서비스를 해야 하는 승무원에게 원만한 인간관계는 반드시 갖추어야 할 미덕이다. 위의 질문에 이렇게 답한 지원자가 있다.

"저는 ○○항공 승객에게 커피를 타 드리는 건 저의 업무이기 때문에 충분히 할 수 있습니다. 그러나 저의 상사와 동료에게는 타 드릴 의무는 없다고 생각합니다. 그리고 그런 요구는 동료를 동료로 생각하지 않고 아랫사람으로 판단하기에 가능한 요구라고 생각합니다. 그래서 저는 그들의 동등한 입장에서 입사한 동료이므로 커피 심부름은 하지 않겠습니다."

똑 부러지는 대답처럼 들리는가? 물론 위의 대답이 잘못된 것은 아니다. 본인의 생각을 단호하게 표현했다. 그러나 승무원이라는 직업에 어울리는 답변은 아니다. 승무원에게 있어 직장 동료는 남이 아니라 가족이다. 만일의 비상 상황에서도 서로 합심하여 승객의 생명을 지켜야 하는 것이 승무원이다. 따라서 승무원이라면 동료와 화목하게 지내기 위해서 본인의 의견이나 입장만을 내세우지 않고 먼저 자신을 낮추며 존중하고 화합할 줄 알아야 한다. 그런 모습을 면접관에게 보여줄 때 여러분의 면접 점수는 자연히 올라갈 것이다.

○○○ 동료나 상사가 커피 심부름을 시킨다면, 기내에서 승객분에게 서비스 하는 것과 같은 마음으로 커피를 타 드릴 것입니다. 직장동료와 상사는 승객보 다도 저와 함께 오랫동안 관계를 쌓으며 비행을 할 소중한 사람들이기 때문입니 다. 그리고 동료와 상사들과 잘 화합하고 소통을 해야 힘든 업무가 즐겁게 발전 될 수 있다고 생각합니다. 그렇기 때문에 저는 기꺼이 기쁜 마음으로, 그리고 그 분들이 요청하기 전에 제가 먼저 '선배님, 커피 한잔 타드릴까요? 선배님 달달 한 설탕 커피 좋아하시죠? 제가 맛있게 타 드릴게요!'라고 말할 줄 아는 동료가 되겠습니다.

○○○ 저는 기꺼이 즐거운 마음으로 커피를 타 드릴 것입니다. 저는 대학교 시 절 서비스 마케팅이라는 과목을 공부하면서 고객은 외부고객만 있는 것이 아니 라, 동료와 같은 내부고객도 존재한다는 것을 알게 되었습니다. 또한 지구 반대 편에서 얼굴도 모르는 아프리카 난민들을 위해서 기부도 하는데, 저와 늘 가까 이 살을 부딪치며 일을 하는 동료에게 커피 한잔 못 타드리겠습니까. 늘 동료와 상사를 제가 모셔야 하는 제2의 고객으로, 또 제 가족이라 생각하며 언제나 동료 의 힘이 되는 ○○항공의 승무원이 되겠습니다.

친구 혹은 가족에게 자신이 어떻게 하는지 생각해 보라. 그 정도의 일은 손해는커녕 응당 해주는 일에 속한다. 회사는 그런 마음을 원한다.

질문 20 좋은 승객과 나쁜 승객의 타입을 말씀해보세요.

사실 이 질문은 승무원을 준비하는 이에게는 무리한 질문이다. 아직 그 일을 하지 않는 이가 좋은 승객이나 나쁜 승객을 만나 보았겠는가? 하지만 면접에서는 아주 흔한 질문이다.

위 질문을 던지는 면접관의 속내는 고객의 가치를 어떻게 생각하고 있는지, 어떤 마음가짐으로 승객에게 서비스할 준비가 되어있는지를 알고 싶은 마음에서 던진 질문이다. 그렇기에 당신은 평소 자신이 생각하는 회사의 가치, 고객의 가치를 생각하고 정리해 둘 필요가 있다.

보통 위의 질문에 답은 다음과 같은 패턴의 답변이 많다.

"좋은 승객은 승무원의 말에 잘 따라주는 승객입니다. 항공기에서는 안전사고가 언제든지 발생할 수 있으므로 승객은 승무원의 말을 잘 따라주어야 합니다. 그러나 가끔 담배를 피우는 등 승무원의 말을 잘 따라주지 않는 승객이 있다면 나쁜 승객이라고 생각합니다."

"좋은 승객은 승무원의 인사를 잘 받아주는 분들이고, 나쁜 승객은 승무원의 인사나 말을 무시하는 승객이라고 생각합니다."

"좋은 승객은 승무원이 서비스를 할 때 '감사합니다.'라고 말하며 웃어주시는 승객이고, 나쁜 승객은 승무원을 마치 하인 부리듯 하시는 승객입니다."

이렇게 대부분 좋은 승객과 나쁜 승객을 분명하게 나눈다. 물론 이 또한 틀린 답이라고만은 할 수 없다. 그러나 이렇게 답변하게 되면 승객을 긍정적인 주체로 보지 않고 나에게 해를 주는 대상, 혹은 언젠가는 내가 미워할 수 있는 대상으로 보고 있다는 느낌을 주게 된다. 따라서 이 같은 답변은 면접관에게 좋은 인상을 주기 힘들다.

위의 답변과 아래의 답변을 한번 비교해 보도록 하자. 면접관이 듣기에는 훨씬 더 듣기 좋은 답변일 것이다.

○ ○ ○ 제가 감히 어떻게 저희 항공사를 선택해 주신 승객을 평가할 수 있겠습니까? 저에게는 오로지 감사한 고객만 있을 뿐입니다. 저의 어렸을 때부터의 꿈은 승무원이 되는 것이었습니다. 그런데 비행기를 타 주시는 승객이 없었다면 승무원이라는 직업도 없어졌을지 모르겠습니다. ○○항공의 고객분들은 저를 이 자리에 있게 해 주신 소중한 분들이시기 때문에 저는 늘 감사한 마음으로 고객 한 분 한 분께 최선을 다하는 승무원이 될 것입니다.

당신은 아직 승무원이 아니다. 그러므로 이 질문 자체는 무리가 따른다고 했다. 분명한 것도 좋지만 때론 분명한 것을 피하는 것도 방법이다. 이럴 때는 상상하지도 말고 판단하지 말자. 그저 고마움만 남기자.

Chapter 4.

몰래 엿본 면접실황,
"우리는 이런 사람을 원합니다"

국내 7개 항공사마다 각각 1명에서 많게는 4명의 면접관과 인터뷰를 진행했다. 그 대화 내용을 정리하여 본문에 반영했으나, 미처 반영하지 못했거나 한 번 더 되짚을 필요가 있는 대화 내용을 공개한다. 간혹 직설적인 표현이 있더라도 이해해 주길 바란다. 항공사 면접관 중 개인적인 친분이 있어 말이 가감없이 나온 부분이 있다.

- 면접자가 본 면접이란 -

"면접에는 답이 없잖아요. 복불복이라고 할 수도 있죠. 면접 때 예상 질문이 나오기도 하지만, 예상하지 못한 질문도 많이 나오잖아요. 그러니 그 과정과 결과를 예측할 수가 없으니 어려운 일이죠. 그런 걸 면접관 모두 다 잘 알고 있기 때문에 저희도 완벽한 사람을 찾지는 않아요. 그래서 청산유수로 기계적으로 외워서 대답하는 사람보다는 적당한 긴장감을 보여주며 노력하는 모습을 보여주는 사람이 더 인간적으로 느껴져요."

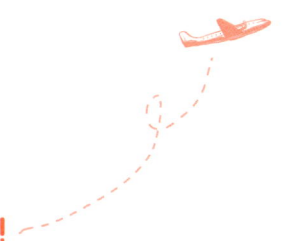

면접실황 1 이력서를 보면, 면접자가 보인다!

이력서를 쓸 때 지원자들이 참고해야 할 사항은 무엇일까요?

"이력서 내용을 무조건 길게 쓴다고 좋은 것은 아니에요. 오히려 간결하지만 강한 인상을 주는 게 더 효과적이라고 볼 수 있죠. 사실 길기만 하고 임팩트가 없는 경우가 대부분이거든요. 내용만 길고 개성 없는 패스트푸드 같은 이력서보다는 집에서 거칠게 만든 청국장 같은 이력서가 볼 게 많죠. 짧지만 강한 인상을 남길 수 있는 본인만의 이야기를 써 주세요."

최악의 이력서는 어떤 건가요?

"정말 최악은 이력서의 내용이 모두 거짓말이었을 경우죠. 키도 제가 보기에는 162cm도 되지 않을 것 같은데 167cm로 적어놓고, 사진은 뭐 말할 것도 없고요. 이력서에 넣는 증명사진은 요즘 워낙 보정을 많이 하니 그러려니 하지만, 그것도 어느 정도여야죠. 사진을 보고 실물을 봤을 때 전혀 딴 사람이 와 있는 경우가 있어요. 그러면 좀 배신감이 들어요. 그리고 취미나 특기에 관련하여 질문했는데 대답도 잘 못하고 서류 제출용으로만 써오는 사람들이 있어요.

서류전형은 서류에서만 끝나는 게 아니에요. 그 사람의 이력서는 최종 면접 때까지 같이 첨부되어 면접관이 모두 가지고 있거든요. 그래서 그 이력서 서류를 보면서 질문을 하니 기재된 내용은 적어도 본인들이 정확하게 말하고 기억할 수 있는 이야기를 적어서 내야 해요."

면접실황 2 이런 대답, 많지만 항상 아쉽다!

지원자의 답변에서 자주 발견되는 아쉬운 부분이 있다면요?

"인터넷에서 떠도는 모범 답안이 마음에 든다고 그것을 베끼면 오히려 감점이에요. 믿기지 않겠지만, 하루에 똑같은 대답을 수십 번 들어요. 지원자들의 발언이 비슷한 경우가 너무 많아요. 커피숍에서 아르바이트하면서 손님들에게 좋은 평가를 받아서 서비스직이 본인에게 잘 어울린다고 생각했다든지, 여행하려고 비행기를 탔는데 승무원 언니가 무척 친절하게 잘 대해줘서 승무원의 꿈을 키웠다든지 하는 뻔한 스토리텔링이요. 이런 판에 박힌 이야기에는 식상함을 느낄 때가 정말 많아요. 자기만의 스토리텔링으로 상대방에게 진실함을 전달하는 답변을 해 주면 좋을 것 같아요. 같은 패턴의 내용으로 이미 누군가가 한 듯한 그런 답변은 절대 본인을 돋보이게 할 수 없어요.

지나치게 잘하려는 게 오히려 화를 부를 수 있다는 것을 잊지 않았으면 좋겠어요. 최대한 인간적인 모습을 보이는 사람에게 정이 가고, 기억에 남습니다."

"제발 오버하지 말았으면 좋겠어요. 웃는 것도 오버하지 말고 답변도 오버하지 말고요. 웃을 때 눈은 웃지도 않으면서 입만 찢어질 듯, 입 주변의 근육이 심하게 떨리도록 그렇게 말이에요. 보는 사람이 정말 부담스러워요. 웃음의 정도가 있다면 100%를 다 채우려 하지 말고 60~70% 정도로만 편안하게 웃어도 될 것 같아요. 그리고 공수 자세도 편안하게 하면 좋을 텐데, 가슴까지 손을 들어 올리는 사람, 깍지를 꽉 쥐는 사람들까지 있어요. 긴장해서 그런 거겠지만 그것도 보기 불편합니다.

"제발 삼행시 같은 것 좀 안 하면 안 될까요? 가끔 손발이 오글거리거든요. 자연스럽게 자신의 이야기를 편하게 말해 주었으면 좋겠어요. 본인의 본 모습을 볼 수 있도록 말이에요."

면접실황 3 미모로 합격할 수 있다고?

예쁘면 합격하는 건가요?

"에이, 교수님, 왜 그러세요? 아시면서…… 예쁜 것만으로는 합격할 수 없어요. 물론 예쁜 얼굴이 플러스가 될 수는 있죠. 그러나 예쁜 것 하나만으로는 절대 합격할 수 없어요."

"그렇게 저에게 묻는 사람들이 많은데요, 그럴 때마다 제가 해 주는 말이 있어요. 공항 가서 한 시간만 앉아있어 보라고요. 그리고 지나가는 승무원들 얼굴 좀 보라고요. 생각보다 예쁜 사람은 거의 찾아볼 수 없을 겁니다. 오히려 '쟤도 승무원이야?'라고 생각되는 사람들이 더 많을 걸요? 예쁜 외모만으로는 절대 승무원이 될 수 없어요."

"이미지가 좋으면 '일단 뽑아놓고 키워보자!'라는 말을 하죠. 면접이 끝난 후 면접관들끼리 토의를 하는데 여기에서 모두 동의를 하면 뽑게 되는 거예요."

"오히려 지나치게 예쁜 사람은 안 뽑아요. 너무 잘난 사람을 뽑아놓으면 오래 다니지 않을 것 같고, 힘들면 그만둘 거 같거든요. 아시겠지만 승무원이라는 일이 참 힘들고 고된 일이잖아요. 공주처럼 살 수 있는 일이 아니에요. 팀원들과 화합하고 승객들을 아우를 수 있는 그릇이 될 만한 사람을 뽑죠. 면접을 보다 보면 '저 사람은 3년 후면 진급을 하겠구나. 진급하면 훈련교관을 시켜야지!' 뭐 이런 계획까지 나와요."

"승무원은 예뻐야 한다는 오해가 있더라고요. 절대 그렇지 않아요. 오히려 부담스러울 수도 있고, 또 차가워 보일 수도 있거든요. 인상이 좋고 이미지가 좋으면 되는 것이지 눈코입이 깎은 듯이 예뻐야 하는 것은 절대 아닙니다."

"하하. 물론 예쁘면 좋겠지만, 그것이 인위적이고 인형같이 예쁜 얼굴을 원하는 것은 절대 아니에요. 얼굴이 예쁜 사람을 원하는 게 아니라, 마음이 예쁜 사람을 찾는 거죠. 어쩌면 면접은 마음이 예쁜 사람을 찾기 위한 과정이라고 볼 수 있지요. 깎아 놓은 듯이 완벽한 미모의 소유자보다는 상대방에게 신뢰감을 줄 수 있는 인상, 순종적이고 성실해 보이는 인상이 좋지요. 그 사람의 마음가짐이 100% 모두 얼굴로 표현될 수는 없겠지만, 그래도 얼굴을 보면 어느 정도 가늠이 되거든요. 우리 같은 전문가들은 이 사람이 승무원의 꿈을 오랜 기간 꿈을 키워왔는지, 혹은 가면을 쓰고 지금 이 순간에만 승무원의 얼굴을 하고 온 건지 알 수 있어요. 그게 바로 승무원이 될 만한 사람을 찾아내는 면접관의 안목이죠."

"가끔 심하게 다리가 오자형인 분들이 있어요. 우리 회사 유니폼이 치마여서 사실 이 경우는 안타깝지만, 이미지 점수를 낮게 줄 수밖에 없죠."

"오자형 다리라도 무릎을 붙이려고 노력하고 자세교정을 꾸준히 하면 확실히 나아져요. 본인의 꿈을 위해 최대한 노력을 하는 지원자가 되었으면 합니다."

치아 교정기를 끼고 있다면 면접 점수에 영향을 미치나요?
"면접 때 물어보긴 하죠. '교정기를 언제 빼는지'에 대해서요. 그리고 되도록 눈에 보이지 않게 치아 안쪽으로 하는 경우라면 크게 상관없어요. 그리고 말할 때 발음이 새지만 않으면 괜찮아요."

"면접 볼 때는 중요하지 않습니다. 그러나 비행을 할 때는 안 보이게 해야겠지요. 선발되고 교육받고 실제 비행하게 되는 데까지는 시간의 여유가 있으니 그때까지는 해도 상관은 없습니다."

면접실황 4 재수생과 삼수생, 이렇게 접근해라

재수나 삼수 지원자에 대한 선입견은 없나요?

"물론 선입견이 생기는 경우도 있지요. 그렇지만 최대한 그것을 배제하려고 노력해요. 그런데 안타까운 경우는 그 사람의 역량이 부족해서 떨어진 것이 아니라 '죽음의 조'에 껴서 떨어지는 경우도 분명히 있다는 거예요. 참고로, 죽음의 조란 승무원이 채용 면접에 들어갈 때는 한 번에 5명에서 8명 정도가 같은 한 조로 편성되어 면접실에 들어가는데, 이때 조 편성은 무작위로 선정되죠. 운이 좋으면 모든 조원들이 본인보다 키도 작고, 답변을 제대로 못하는 경우도 있고, 이와 반대의 경우도 있어요.

이럴 경우 상대적으로 외모적으로나 지적으로나 기가 죽는 것은 당연하겠죠. 그렇기 때문에 어떤 경우의 수가 발생한다 하더라도 절대 기가 죽지 않도록 해야 해요. 그건 그날의 운이 안 좋다고도 볼 수 있는 것이죠. 죽음의 조에 배정되지 않았더라면 합격할 수도 있는 일이니까요. 그래서 그럴 경우에는 다음에 다시 한 번 도전해 봐도 괜찮을 거 같아요. 문제는 당사자로서는 본인이 죽음의 조에 걸려서 떨어진 건지 모른다는 게 흠이죠.

그런데 사실 운이 안 좋았다고도 볼 수 있지만 삼수 그 이상을 넘어가면 그건 본인의 역량의 부족이라고 볼 수 있겠죠. 그때부터는 차별을 둘 수 있습니다."

"재수생, 삼수생도 당연히 뽑힙니다. 사실 이건 면접관들의 개인적인 성향이라고 볼 수도 있으니 표준화시켜서 말씀드릴 수 없어요. 그런데 저는 개인적으로 재수, 삼수생들에게 더 애정이 가거든요. 바로 저희 회사만 바라보고 저희 회사만 두 번 세 번씩 지원하는 친구들이 있기 때문이죠. 그 사람들이 말할 때 보여주는 눈빛, 말투만 봐도 딱 알수 있죠. 여러 곳에 지원하는 사람인지 정말 우리 회사만을 오고 싶어서 재수, 삼수를 하는 사람인지…… 이런 사람은 열정 자체가 남달라요. 회사에 대한 열정, 그리고 승무원이라는 직업에 대한 열정, 하고자하는 끈기가 확실히 보이거든요. 그리고 이런 친구들이 합격하게 되면, 회사에 대한 감사한 마음을 가지고 정말 열심히 일하고, 직업을 소중하게 생각하죠.

운이 좋아서 한 번에 승무원이 된 친구들은 이런 열정이나 감사함, 끈기가 없는 경우가 있어요. 예를 들자면, 남대문시장에 가서 처음으로들어간 가게에서 옷을 사고 나면, 바로 집에 가는 게 아니라 시장 전체를 둘러보며 내가 산 옷보다 더 싸게 파는 집은 없는지 기웃거리게 되잖아요? 합격하면 딱 그런 마음이 드나 봐요. 어려움 없이 직업을 갖게되었으니 조금이라도 힘들면 그만둘 생각을 하고 이직을 쉽게 생각해요. 정말 안타깝죠. 그래서 저는 우리 회사만을 보고 재수, 삼수를 한 거라면 긍정적인 시선으로 보고 있어요."

면접실황 5 합격자는 이렇게 말했다

기억에 남는 지원자가 있나요?

"네, 있지요. 하루에 수천 수백 명의 면접을 보지만 꼭 한두 명 정도가 기억에 남아요. 대개 이런 경우는 외모나 스펙이 훌륭해서가 아니라, 인간적인 교감을 나눴을 때예요.

몇 달 전에 있었던 승무원 채용 면접 때 있었던 일입니다. 그 지원자의 경우 작년에도 저희 회사에 지원했던 경험이 있던 친구였어요. 이력서를 보니 지난 1년간 상당한 노력을 했더군요. 그래서 확인 차원에서 질문을 했죠. "1년 전에도 우리 회사에 지원했었네요? 지난 1년 동안 뭐 했어요?" 그랬더니 갑자기 닭똥 같은 눈물을 뚝뚝 흘리는 거예요. 그전까지만 해도 생글생글 웃으며 대답 잘하던 지원자가 갑자기 울기 시작하니 저 또한 난감했죠. 그런데 그 친구의 대답을 들으니 이해가 가더라고요. 취업을 못한 채 대학을 졸업하고 우리 회사에 들어오고 싶어서 1년 동안 무던히도 노력했더라고요. 취업준비를 하면서 가족들 눈치도 보이고 얼마나 힘든 시간을 보내왔겠어요? 내 질문에 만감이 교차하면서 서러운 마음에 울컥했나 보더라고요.

그 모습을 보니 어찌나 짠하던지. 그래서 이런 생각을 했어요. '내가 이 사람을 지금 뽑아주면 얼마나 회사에 고마워하면서 열심히 일할까? 내가 이 지원자의 마음을 보듬어 줄 수 있겠구나.' 그래서 제가 최종 합격시켰어요. 그 친구 제 예상대로 지금 정말 열심히 비행하고 있지요. 이렇게 면접관과 지원자가 어느 순간 딱 맞는 교감이 되고 서로의 감정을 이해하게 되면 눈물도 플러스가 될 수 있다는 겁니다.

그러나 절대 면접에서 울음으로 동정심을 유발한다고 해서 다 합격하는 건 아닙니다. 이건 어디까지나 사람의 성향에 따라 다른 거니까 오해하지 마세요. 아무런 교감 없이 그저 감정 조절이 안 되어 운다면 그 또한 감점의 대상이 됩니다. 명심하세요!"

"저희가 개인 신상에 관련된 질문 말고도 회사에 관련된 질문을 많이 하거든요. 예를 들면, "우리 회사 기내 서비스 중 ○○○서비스가 있는데, 이 서비스에 관해 알고 계신가요?"와 같은 질문이죠. 그럴 경우 "네, 평소 ○○항공에 관해 관심이 많기 때문에 수시로 신문기사나 인터넷 블로그를 찾아 ○○항공의 여러 가지 서비스에 관해 정보를 습득해왔습니다. 그중 ○○○서비스는 이러이러한 서비스로 고객들에게 많은 호응을 얻고 있다고 알고 있습니다."라고 하거나 그에 더해 개선점까지 말할 수 있다면 금상첨화지요. 이런 게 바로 우리 회사에 들어오고 싶은 열정 아닐까요?"

최악의 지원자가 있나요?

"기억에 남는 최악의 면접자 그룹도 있어요. 직업 선택에 관해 자기 주도적이 아니라 누군가에게 등 떠밀려 온 듯한 사람들이요. '도대체 여기에 왜 온 거야?'라는 생각이 드는 지원자들이죠."

"항공사 승무원 면접은 어떤 건지 경험하러 온 듯한 느낌을 주는 지원자도 있어요. 적어도 면접을 보러 오기 전에는 그 회사가 어떤 회사인지, 기본적인 정보는 알고 오는 게 정상인데 전혀 관심 없는 채로 오는 사람들, 인사법이나 표정과 자세도 전혀 준비가 안 된 사람들을 보면 마주 보는 시간이 아깝죠. 우리 회사에 들어오고 싶어 하는 절실함이 전혀 보이지 않으니 아무리 스펙이 좋고, 아무리 외모가 출중하다 하더라도 뽑을 이유가 없죠. 우리는 우리 회사에 충성심을 가지고 열심히 일할 반듯한 사람을 찾는 거니까요."

면접 때 지원자의 어떤 점을 가장 중점적으로 보나요?

"마음씨죠. 일단 착하고 마음씨 고운 사람을 원해요. 그래서 승객들을 편안하게 해 줄 수 있는 사람이요. 그리고 꾸준히 성실하게 일할 수 있는 사람이어야 하죠. 무엇보다 표정이 예뻐야 해요. 그리고 인상이 밝아야 하죠. 초등학생 얼굴을 생각해 보세요. 순수한 얼굴이 그대로 남아 있잖아요. 꾸밈없고 같이 있으면 밝은 에너지가 마구 샘솟는 사람. 그런 얼굴을 가진 사람을 찾는 거예요. 사실, 서비스 스킬이나 서비스 정신 같은 것들은 입사 후에 교육으로 해결될 수 있는 문제거든요."

"저는 예쁘게 말하는 사람이 좋아요. 특별한 인상이 없어 관심 두지 않았던 지원자인데, 질문에 답하는 모습에 빠져드는 경우가 있어요. 자꾸 묻고 싶고 보고 싶어지는 거죠. 그리고 저도 모르게 정이 들어요. 정이 들면, 안 뽑을 수가 없죠. 한 마디로 매력 덩어리죠. 아마 고객들도 마찬가지일 거라고 생각해요. 우리는 어차피 고객이 많이 찾아주어야 좋은 거니까, 보면서 정드는 승무원, 예쁘게 말하고 자연스럽게 말하면서 상대방을 끌어당길 수 있는 매력 있는 승무원을 원하죠."

"호감 가는 인상이요. 승무원은 서비스를 받는 고객의 입장에서 신뢰감을 줄 수 있는 사람이어야 합니다. 인상에 호감이 가지 않으면, 승객들이 그 사람을 의지하고 자신의 안전을 맡길 수 있겠어요? 또한 즐거운 비행이 되겠어요? 그래서 면접실에 들어오는 첫 순간에 면접자들의 이미지 체크를 하게 돼요. 그리고 예상하죠. '저 사람은 이런 사람일 것이다. 저 사람은 저런 사람일 것이다.' 면접관 생활을 오래 하다 보면 면접자가 들어서는 첫걸음만 봐도, 얼굴을 3초만 봐도 합격의 판가름이 나요. 그런데 예상외로 첫인상은 별로였는데 얘기를 하다 보니 그 사람의 매력에 빠지는 경우가 있어요. 말을 하지 않고 얼굴만 보았을 때와 이야기를 나누어 봤을 때 달라지는 게 분명히 있거든요. 얼굴이 특별하게 예쁘지 않아도 호감이 가고 계속 말을 걸고 싶은 사람이 있잖아요. 편안하고 꾸밈없이 차분하게 말하는 사람, 저는 그런 사람에게 호감이 가더라고요."

"저는 이미지를 가장 중요하게 생각해요. 겸손한 이미지, 진실성 넘치는 이미지, 친절이 몸에 밴 듯한 이미지요. 이런 점은 평소의 관리에 따라 달라진다고 생각해요.
제가 추천하는 방법은 일기를 글로 쓰는 것이 아니라, 말로 해보는 걸 권하고 싶어요. 하루의 일상이 끝나고 잠자리 전에 오늘 하루를 회상하면서 거울을 보면서 자신과 얘기를 하는 거죠. 사실 이건 녹음하면 더 좋아요. 그러면서 마음속에 있는 자신의 이야기를 입 밖으로 내뱉어 보는 거죠. 그 누구와 얘기하는 것보다 진솔한 얘기가 나올 거예요. 그런 과정을 겪다 보면 생각을 잘 정리하게 되고 어떤 질문이 오더라도 정리해서 쉽게 말하는 습관이 길러질 겁니다. 면접은 최대한 진솔하게 자기 자신의 이야기를 하는 것이 핵심이잖아요?"

"저는 회사에 대한 충성도, 열의, 열정이라고 생각해요. 요즘 젊은이들은 취업하기 어렵다고 하소연하면서, 막상 들어오면 힘들다고 나가 버려요. 그래서 정말 입사해서 한눈팔지 않고 우리 회사에서 열심히 일할 사람을 찾거든요. 그러니 우리 회사에 대한 충성도, 그리고 직업에 대한 절실함을 보죠. 그런데 면접을 보러 오면서 회사에 대한 공부나 연구는 없이 승무원이 되고자 하는 마음만 가지고 오시는 분들이 있어요. 참 안타깝죠."

면접실황 6 남승무원, 여승무원보다 합격에 유리할까?

남승무원 뽑는 기준은 다른가요?

"공식적으로는 다르지 않지요. 그러나 심리적으로 좌우되는 부분은 분명히 있어요. 왜냐하면 남자들은 아무래도 한 가정을 책임져야 하는 가장의 역할을 하기 때문에 좀 더 장기적인 시야를 가지고 평생직장으로 남을 확률이 높죠. 그래서 비행만 할 수도 있지만, 추후 관리자로 키울 생각도 한다는 것입니다. 그래서 여승무원과는 다르게 아무래도 스펙이 좋은 사람이 유리할 수 있어요. 그런 사람에게 눈이 먼저 간다고나 할까요?

그런데 문제는 남자들의 경우 대부분 남승무원으로서의 간절함이 별로 보이지가 않아요. 여승무원과 그 점이 다르다고 봐야죠. 하고는 싶지만 간절해 보이지는 않는다고 해야 할까요? '합격시켜주면 다니지 뭐.'하는 정도? 그러니 저희도 그런 사람을 보면 뽑고자 하는 의지가 안 생기기도 해요."

남승무원은 면접 시 어떤 특징이 있나요?

"남승무원의 경우에는 조금만 본인들이 신경 써서 준비를 하고 오면 좋은 성과를 얻을 수 있어요. 전반적으로 남승무원 지원자들은 표정 관리가 잘 안 되더라고요. 잘 웃지도 않고 그냥 서 있다가 나가는 경우가 다반사에요. 정말 안타깝죠. 면접 보는데 이마에서 땀이 줄줄 흐르는 사람도 있어요. 아무래도 답변이나 자세들이 여승무원 지원자보다는 좀 덜 준비가 되어서 그런지 더 떠는 것 같아요. 여자 지원자들은 그래도 미리 준비를 많이 해오는 데 말이죠.

승무원이라는 직업은 다른 일반 사무직과는 조금 다른 업무형태를 띠잖아요. 그러니 사전 준비가 반드시 필요해요."

"이런 사람은 절대 합격할 수 없다!" 하는 경우가 있을까요?

"그럼요, 있지요. 예를 들면 대한항공 승무원 시험장인데 '아름다운 사람들 아시아나항공'에서 열심히 일하겠다고 하는 사람이요. 처음에는 정말 황당하더라고요. 승무원 시험을 여기저기 보러 다니는 것은 이해해요. 그런데 적어도 본인이 면접을 보러 온 회사가 어딘지는 명확하게 인식하고 와야 해요. 한 번이야 실수라고 봐 줄 수도 있지만, 면접이 끝날 때까지 계속 다른 항공사 이름을 말하는 건 곤란해요.

제 생각에는 면접자들이 면접의 답안을 영혼 없이 달달 외우고 회사이름만 바꾸어 말하다 보니 벌어진 일이라 생각합니다. 아무리 이미지가 좋고, 스펙이 뛰어나다 하더라도 그런 실수를 한 번 하면, 정이 떨어지고 서운하다는 마음이 듭니다. 그 이후부터는 그 사람이 하는 얘기는 신뢰감도 들지 않고 진정성이 떨어진다는 느낌을 받아요. 그리고 우리 회사뿐만이 아니라 여기저기 기웃거리는 모습이 확연히 드러나니까 좋지 않죠. 우리 회사는 우리 회사만 바라는 그런 지원자를 원하니까요. 설사 그렇지 않다고 하더라도 해당 회사에 가서는 그 회사만 원한다는 제스처를 취하는 것이 좋을 것 같아요."

"면접관의 질문 의도를 파악 못하고 동문서답하는 지원자들이 있어요. 대부분 본인의 답변만 외워가지고 오니 융통성 없이 자기가 할 얘기만 '다다다' 하고 끝나는 경우죠. 외우지 않은 답변이라도 즉흥적으로 자연스럽게 얘기하는 게 훨씬 좋은데 말이에요. 물론 질문을 했는데 답변을 못해 끊겨버리면 낭패죠. 그렇지만, 천천히 생각하며 말하고 있다는 인상을 주면 조금 더듬는다 해도 훨씬 더 인간적으로 보일 수 있어요. 우리는 컴퓨터가 아니잖아요. 그런데 '다다다' 말하고 나가버리는 사람에게는 아무런 감흥을 느낄 수 없어요. 그냥 '말 잘하네, 연습 많이 해 왔네.' 정도이지 아무런 인상도 남지 않아요. 절대 인간미를 느낄 수가 없는 거죠. 그러니까 이런 경우는 특별하게 점수를 잃는 것도 없지만, 그렇다고 점수를 딸 수도 없어요."

"면접 복장이 준비되지 않은 사람이요. 기본적인 면접 복장이 단정한 걸 원하는 건데 이것마저도 준비되지 않은 사람들이 많아요. 나풀거리는 공주 치마 같은 플레어스커트에 플랫슈즈, 화장도 제대로 하지 않고, 머리도 전혀 매만진 것 같지 않은 사람들이요. 꼭 비싼 미용실에서 화장을 하고 오라는 건 아니에요. 적어도 열심히 노력하고 온 모습만 보여주면 되는데, 그런 기본도 안 지켜지는 지원자들이 있거든요. 지원자의 열정, 성의 있는 모습만 보여도 면접관은 좋은 점수를 줄 거예요."

"면접 보는 내내 우울한 표정을 하고 있는 경우요. 외모나 신체적인 조건, 스펙 등이 좋아서 면접관 입장에서는 안타까운 마음에 계속 질문을 던지고 대답할 기회를 주는 데도 입 다물고 있는 사람들이 있고, 대답을 한다 해도 아주 짧게 단답형, 아니면 한 문장의 아주 성의 없는 대답만 하는 경우가 있지요. 면접관을 쳐다보지 않고 시큰둥하게 있으면 아무리 외모가 훌륭해도, '저런 사람은 뽑아도 승무원 일은 제대로 해내지 못하겠구나', '서비스업에는 안 맞겠구나'라는 생각이 들죠. 이런 분이 의외로 많아요.

그래서 제가 한 번은 너무 안타까운 마음에 면접실 밖에서 면접 진행을 지원하는 직원에게 대신 물어봐 달라고 했어요. 왜 그렇게 면접자들 표정이 무뚝뚝한지요. 그랬더니 면접자들이 하는 말이 너무 떨려서 그랬다는 거예요. 특히 승무원 면접을 처음 보는 친구들 중에 그런 사람들이 많은데요, 그들 중 상당수가 번갯불에 콩 구워 먹듯, 짧은 시간 준비한 지원자들이에요. 면접장 분위기가 좀 딱딱하고 살벌하긴 하잖아요. 떨리는 건 이해하지만, 그런 상태로는 절대 합격할 수 없죠."

"산만한 지원자들이요. 이미지나 다른 조건들이 정말 다 좋은데, 유난히 튀는 사람들이 있어요. 말투나 표정에 어린 티가 나고, 너무 산만한 스타일이요. 밝고 쾌활한 게 지나쳐서 오버하는 지원자들이 있어요."

"지각하는 사람이요. 항공사 면접이 거의 같은 시기에 몰려 있다 보니 어떤 경우에는 면접 날짜가 겹치는 경우가 있어요. 그럴 경우 다른 회사에서 면접을 보고 저희 회사로 오다가 늦는 경우가 발생하기도 해요. 그리고 기타 다른 이유가 있을 수 있죠. 하지만 용납이 안 돼요. 객실 승무원이라면 시간 개념 하나는 정말 확실해야 하거든요. 그 승무원 한 명 때문에 수백 명의 승객을 기다리게 할 수는 없는 일이니까요."

면접실황 8 **면접자가 오해하는 것들에 관하여**

지원자들이 정말로 모르고 저지르는 실수가 있다면?

"다른 지원자의 질문이나 대답도 경청하고 있으라는 거예요. 가끔 너무 긴장해서 그런지 본인의 답변에만 집중하고 다른 지원자나 면접관에게는 신경을 안 쓰는 경우가 있어요. 저희가 질문을 할 때 "옆에 계시는 아무개 씨는 어떻게 생각하세요?"라고 묻는 경우가 있거든요. 그러면 옆 사람 질문할 때 듣고 있지 않다가 "뭐라고 질문하셨죠?"라고 되물어 보는 경우가 있어요. 그러면 '아, 저 사람은 상대방이 얘기할 때 경청하지 않는구나. 승객들과의 대화에서도 저렇겠군!'이란 생각이 들죠. 그러니 다른 사람 질문과 답도 잘 듣고 계셔야 해요."

"가끔 너무 심하게 떠는 분들이 있는데요. 어느 정도 긴장해서 떠는 건 이해하니까 귀여워 보이기도 하는데, 정도를 넘어서 너무 심하게 떠는 모습을 보이는 지원자가 있어요. 그럴 땐 '혹시 대인 공포증 있는 건 아닌가?'하는 생각마저 들곤 해요. 너무 긴장하게 되면 보는 상대방도 기분이 안 좋고, 스스로도 말문이 잘 안 트이고, 준비한 말조차 제대로 못 하게 되죠. 또 표정이 굳어버리니 말투 또한 딱딱해지고…… 어차피 면접까지 온 마당에 지금 현재 무언가를 바꿀 수는 없잖아요. 면접 준비야 면접장 오기 전에 다 준비하고 왔어야 하는 것이니, 면접장에서는 다른 것 필요 없고 자신감만 좀 더 가지고 임해주었으면 좋겠어요."

면접자가 하는 가장 큰 오해는 무엇일까요?

"면접자들은 대답을 꼭 완벽하게 해야 한다. 완벽한 모습을 보여 주어야 한다는 강박관념에 시달리나 봐요. 하지만 그럴 필요 없어요. 좋은 대답은 절대 그렇게 외운 대답이 아니에요. 더구나 자기만의 스토리텔링도 없이 인터넷에서 돌고 도는 인위적인 대답, 입에 발린 대답은 절대 면접관에게 좋은 인상을 줄 수 없죠. 항공사 승무원은 사람들에게 진정성을 얼마나 보여줄 수 있느냐가 가장 중요해요. 왜냐하면 승무원은 사람을 대하는 직업이잖아요. 앞에서만 웃는 얌체 같은 여우보다는 속정 깊은 곰이 나아요."

"저희가 밝고 환한 스타일을 선호하는 것이지, 오버하는 스타일을 좋아하는 건 절대 아니거든요. 그런데 가끔 밝음이 지나쳐서 너무 산만해 보이는 경우가 있어요. 정신없이 말하고, 말하면서 혀를 날름거리고, 손 만지작거리면서…… 아무튼 혼자 신나서 부산 떠는 스타일들이 있는데, 그런 스타일은 비호감이죠."

"말을 너무 지나치게 잘해도 자의식이 강하다는 느낌을 받곤 해요. 사실 자기 주장이 강한 사람보다는 두루두루 주변 사람들과 융합이 잘되는 사람을 원하죠. 누구나 예상하듯 저희 면접장에는 얼굴 예쁜 사람들, 말 잘하는 지원자들 많이 와요. 지방방송국 아나운서부터 시작해서 쇼핑 호스트 출신까지도 올 정도죠. 그런데 저는 오히려 그렇게 말 잘하는 사람은 정이 살짝 떨어지더라고요. 인간적인 포근함이 없다고 할까요? 진솔하기보다는 깍쟁이 같은 느낌이랄까?"

"지원자들은 서류전형과 면접을 전혀 별개의 것으로 생각하시는 것 같아요. 사실은 그렇지 않거든요. 서류 즉 이력서를 정말 정성 들여 잘 쓰셔야 해요. 왜냐하면 면접을 보는 이유는 서류로 일단 1차 검증을 끝냈다는 거거든요. 이력서의 내용이 마음에 들어서 직접 얼굴을 보고 싶은 거죠. 그런데 막상 이력서에 있는 내용을 물어보면, 본인이 이력서에 어떻게 무슨 내용을 썼는지도 잘 기억을 못 하는 경우가 있어요. 특히 이력서의 내용을 보면서 개별질문을 하는데 상세한 내용을 전혀 말하지 못하는 경우도 있지요. 그렇게 되면 일단 신뢰성이 떨어져요. 서류전형에 통과하기 위해 화려한 미사여구를 쓰고 영혼 없는 얘기를 썼다고 볼 수밖에 없어요."

"면접 시 대답을 잘못했다고 기죽어 있을 필요도 없고, 또 대답을 뉴스앵커처럼 막힘 없이 잘했다고 해서 거만할 것도 없어요. 왜냐하면 면접은 말 잘하는 사람을 뽑는 대회가 아니거든요. 질문을 통해 상대방의 순발력을 보고 싶은 것이고, 목소리를 듣고 싶은 것이고, 말할 때의 표정을 보고 싶은 것이고, 답변의 내용을 통해 인성을 파악하고자 하는 과정이죠. 그러니 면접 중간에 대답을 못 했다고 풀 죽어 있지 말고 끝까지 표정 관리에 중점을 두었으면 좋겠어요."

"실수를 했다거나 동문서답을 했을 때, 본인 스스로 '아차!' 하는 생각에 사로잡혀서 그다음 말을 이어나가질 못하는 경우가 있어요. 그럴 때 정말 안타깝죠. 어차피 엎어진 물인데 주워담을 수 없는 것이니, 실수한 이후부터 잘할 생각을 해야죠. 우리는 지원자들의 지식이나 기량, 업무능력이 얼마나 뛰어난가를 파악하려는 건 아니에요. 그 사람 기저에 있는 인간적인 성향을 간파하고 싶은 겁니다. 실수를 하더라도, 실수하는 모습까지도 인간적인 모습이니 그것을 만회하려고 오버하거나 작위적으로 대답을 만들려고 하려는 게 더 화를 불러일으킬 수 있어요. 꼭 기억하세요. 우리는 우주비행사를 뽑는 게 아니에요."

"LCC 항공사는 들어가기 쉽고 대형 항공사는 들어가기 어렵다고 생각하는 거요. 그렇지 않아요. 절대적인 채용 인원만 봐도 알 수 있죠. 대형 항공사의 경우 연간 700~800명의 신입 승무원을 뽑는 것에 반해, 저비용 항공사는 연간 100명도 뽑지 않거든요. 그런데 입사 지원자의 수를 보면 크게 차이가 나지 않아요. 뽑는 인원이 훨씬 더 적으니, 더 들어가기 힘들다는 거죠. 실제로 LCC 승무원 시험에는 떨어졌다가 대형 항공사 시험에 붙은 승무원들도 많이 봤어요. 절대 LCC 항공사 면접을 만만히 보시고 오면 안 됩니다."

"면접은 그 사람의 됨됨이나 그 사람의 생각을 파악하기 위함인데 너무 외워서 정형화된 모습만 보여주시려고 하니 답답할 때가 있어요. 특히 저희 회사는 LCC 다 보니 더욱더 그런 거 같아요. 틀에 박혀 있지 않고, 개성 있는 자신만의 모습을 담아 답변해 주셨으면 좋겠어요."

면접실황 9 **외국어와 스펙**

토익 점수가 있는데, 굳이 영어 인터뷰를 보는 이유가 있나요?

"토익 점수가 높다고 해서 영어를 잘한다고 볼 수는 없어요. 심지어 토익 스피킹 점수가 높다고 해도 실제 회화를 시켜보면 말 한마디 못하는 경우도 있거든요. 승무원의 업무가 문서로 하는 것이 아니라 대화로 이뤄지는 것이다 보니 영어회화 실력 테스트는 기본이죠. 그래서 토익 점수는 합격선이라고 해도 영어회화 테스트에서 탈락되는 경우도 많이 있어요."

지원자들이 꼭 준비해 왔으면 하는 것이 있나요?

"무엇보다 어학 실력이죠. 영어는 기본이고, 이제는 중국어라고 할 수 있어요. 아무래도 중국 관광객들이 점점 느는 추세이고, 항공사 자체에서도 중국 노선이 점점 확대되는 추세니까요. 그래서 중국어를 잘하는 승무원들은 많으면 많을수록 좋죠. 그런데 이것도 사실은 시대의 트렌드가 있는 것 같아요. 한때에는 일본어를 잘하면 유리했던 적도 있었으니까요. 그런데 요즘은 외모나 기타 다른 항목이 조금 떨어진다 해도 중국어를 잘하면 전체적인 점수를 후하게 주게 돼요. 그런데 간혹 승무원을 준비하는 학생들이 비싼 돈을 주고 별로 필요도 없는 자격증을 따오는 경우가 있어요. 안쓰럽죠. 이것저것 필요도 없는 자격증 따느라고 돈 버리고 시간 허비하지 말고 외국어 실력만 출중하게 키워 왔으면 좋겠어요."

스펙이 좋으면 합격이 되는 건가요?

"요즘 지원자들 정말 스펙이 좋아졌어요. 토익 성적이나 기타 영어 자격, 중국어 자격 혹은 그 외 외국어 자격 등을 많이 준비해 오죠. 그런데 스펙이 아무리 좋다 하더라고 진술함이 느껴지지 않는다면 좋은 점수를 주지 않아요. 성적이 부족하다 하더라도 면접관과 교감이 되는 사람, 고객과 회사를 위해 희생할 준비가 되어 있는 사람에게 점수를 더 주죠. 특히 여자 지원자들 중에는 새침한 표정을 짓는 지원자들이 있는데 아무리 스펙이 좋다 하더라도 이럴 경우 절대 좋은 점수를 받을 수 없어요. 그리고 많은 분들이 학벌에 대해서도 물어보시는데요. 학벌로 점수를 매기지는 않아요."

"사실 스펙은 그리 중요하지 않아요. 그 사람이 얼마나 승무원이 되고자 하는 열의가 있는지 우리 회사에 대한 관심이 있는지를 알아보는 과정에서 면접관을 만족시킨다면 스펙은 점수에 영향을 줄 수 없지요. 물론 그 사람의 성실성을 판단하는 기준은 됩니다."

"승무원 스펙이요? A부터 Z까지 정말 다양하게 있습니다. 스펙이 좋은 사람을 뽑는 거라면 굳이 힘들게 몇 차례씩 면접을 안 하죠."

동점자가 있을 때 가점은 어디서 판가름나나요?

"그럴 때 스펙을 보게 되죠. 저희 항공사는 아무래도 LCC 다 보니, 국제선 노선 중에서는 중국 노선의 퍼센트가 가장 높거든요. 그래서 중국어 가능자, 혹은 중국어 자격증의 우열로 사람을 선택하게 되죠. 물론 공식적으로 그렇게 해야 한다는 규정은 없지요."

"대형 항공사도 마찬가지예요. 중국인 승객들이 전 세계 모든 비행기를 이용하고 있고 점점 그 비율이 높아져요. 유럽행 비행기든, 미국행 비행기든 다 그래요. 그런데 이 모든 노선에 중국인 승무원을 탑승시킬 수 없으니, 저희 입장에서는 중국어를 잘하는 한국인 승무원이 많으면 더 좋죠."

"영어를 정말 잘해야 한다는 생각을 하는 것 같은데, 저희 회사는 국내 LCC 항공사이기 때문에 외국인 승객의 퍼센트가 그리 높지 않거든요. 외국어 실력 물론 잘하면 좋죠, 중국어도 잘하면 더 좋고요. 그러나 뛰어나지 않아도 괜찮아요. 그것은 플러스알파 요인이지 중점사항이 아니므로 스펙보다는 면접에 좀 더 집중해서 준비해 오시면 좋을 것 같아요."

부록

국내 항공사
채용 정보

-대한항공

-아시아나항공

-진에어

-제주항공

-티웨이항공

-이스타항공

-에어부산

*7개 항공사의 객실 승무원 채용 절차는 2015년 7월 기준으로 각 항공사의 채용 홈페이지를 참고하여 구성하였습니다. 면접 방식/인원/시간 등은 지원자의 수와 회사의 사정에 따라 달라질 수 있습니다.

대한항공 객실 승무원 채용절차

서류전형 ▶ 1차 면접 ▶ 2차 면접 / 영어 구술 테스트 ▶ 3차 면접 ▶

건강진단 / 체력검사 / 수영 테스트 ▶ 최종 합격

서류전형

- 지원 자격 기준

• 해외여행에 결격사유가 없는 자

• 교정시력 1.0 이상인 자

• 기 졸업자나 졸업예정자로서 전 학년 성적 평균 2.5 이상(4.5만 점 기준)인 자

• TOEIC 550점 또는 TOEIC SPEAKING Level 6 또는 OPIc Level IM 이상 자격 취득한 자(서류 전형 발표일 2년 이내 응시한 국내시험에 한함)

-서류 작성 시 유의사항

• 이력서 작성 시에는 기본 인적 사항 및 지원동기, 입사 후 포부 등을 600자로 대한항공의 인재상에 부합하도록 작성하여 제출

• 지원서(자기소개서)는 1차, 2차, 최종 모든 면접 시에 면접관이 참고하여 질문하게 되므로 간단명료하며 특징 있고 전달력 있게 작성

- 제출서류(3차 면접 전형 시 제출)

• 어학 성적표 원본 1부

- 최종학교 성적증명서 1부
- 졸업(예정) 또는 재학 증명서(석사 학위 이상 소지자는 대학 이상 전 학력 졸업 및 성적증명서 제출) 1부
- 기타 자격증 사본(소지자에 한함)

1차 면접

- **장소:** 등촌동 인력개발원
- **면접관:** 2명
- **지원자:** 7~8인 1조
- **면접시간:** 15~20분
- **복장:** 반팔 상의, 무릎라인 스커트, 구두, 본인에게 가장 잘 어울리는 자연스럽고 단정한 복장·화장 및 머리 모양 권장, 굳이 흰색 블라우스와 검은색 치마를 입거나 쪽머리를 하지 않아도 됨

- 면접 시 참고사항

- 면접은 Standing으로 진행하며 회사 및 객실 승무직에 대한 이해 및 지원동기 위주로 질의를 함
- 자세, 말씨, 음성, 의사 표현 등 서비스 직무에 적합한 기본적인 자질을 갖추었는지 확인

2차 면접 / 영어 구술 테스트

- 2차 면접: 임원 면접과 영어 구술 테스트가 진행됨

- **장소:** 대한항공 본사 (OC 빌딩)
- **면접관:** 3명
- **지원자:** 5~6인 1조
- **면접시간:** 15~20분
- **복장:** 남성은 정장, 여성은 대한항공 유니폼으로 환복(유니폼으로 갈아입고 면접 진행 예정이나 정장 또는 비즈니스 캐주얼의 단정한 복장으로 참가)

– 면접 시 참고사항

- 면접 10분 전부터 면접장 앞으로 이동하여 대기
- 면접장에 들어가기 전 인사 연습
- 종소리가 들리면 대기가 끝나고 입장
- Standing으로 진행되며, 인사 / 객실 / 서비스 부서의 임원이 참석하여 직무수행능력, 의사표현력 및 상황 대처 능력을 심도 있게 면접
- 신장실측 → 영어 구술 테스트 → 2차 면접 순서로 진행

– 영어 구술 테스트

- **장소:** 임원 면접장과 같은 층인 소회의실
- **면접관:** 원어민 면접관
- **지원자:** 1:1 면접
- **면접시간:** 3분
- **면접 주안점:** 기내 업무 수행을 위한 기본적인 영어 능력(발음, 전달력, 표현력 등을 전반적으로 평가)

- 영어면접장은 작은 회의실이라 책상에 앉아서 보며, 면접에 앞서서 영어 기내 방송문이 적힌 B4 두 개 사이즈의 코팅 종이에서 무작위로 하나를 선택해 주고 읽어보라고 함
- 영어면접은 3가지 정도의 질문을 하는데 자기소개, 지원동기, 학교생활 등 기본적인 질문을 주로 함. 한 명씩 진행되다 보니 빠르게 진행됨. 영어 구사능력 및 외국인 승객 응대 시의 자연스러운 소통 능력을 면밀히 평가하므로 영어로 말할 때 최대한 편안하고 자연스러운 자세를 유지하는 것이 좋음

최종 면접

- **장소:** 대한항공 본사(OC 빌딩)
- **면접관:** 3명
- **지원자:** 5~6인 1조
- **면접 시간:** 20분
- **복장:** 남성은 정장, 여성은 대한항공 유니폼 환복(유니폼으로 갈아입고 면접 진행 예정이나 정장 또는 비즈니스 캐주얼의 단정한 복장으로 참가)

- 면접 시 참고사항

- 최고경영진이 참석하여 면접이 진행되는 만큼 대한항공의 인재상과 부합되는지 여부, 인성을 포함한 직업에 대한 본인의 열정 및 포부를 최대한 어필해야 함

- 인사를 하고 난 후 면접관님들이 앉아 있는 책상 앞쪽으로 다리가 닿을 정도로 가까이 오라고 함. 지원자들끼리 어깨가 밀착될 정도로 좁은 간격으로 모여서 면접을 보게 됨. 매우 가까이에서 면접자를 보게 되므로 피부 상태 및 얼굴 표정의 변화까지 적나라하게 보임

건강진단 / 체력검사 / 수영 테스트

조를 나누어 오전 / 오후 하루 동안 건강진단, 체력검사 및 수영 테스트를 진행

1. 건강진단
- 공복 상태로 소집, 건강문진표를 작성(흡연, 음주 등 생활습관 체크)
- 건강진단은 항공의료센터 전문의료진이 주관하며 혈액 / 소변 / 청력 검사 등을 통해 기내서비스와 안전업무를 수행할 수 있는 건강상태 가부를 판단

2. 체력검사
- 항공의료센터 전문 운동사 주관
- 검사 항목
- 자전거 타기: 50rpm을 유지한 상태로 심장박동수가 140이 되기 전까지 몇 분 탈 수 있는지 측정
- 민첩성: '삐' 소리가 나자마자 발을 움직여야 함, 두 번 측정
- 유연성: 다리 펴고 앉은 상태에서 손을 쭉 내밀어서 발 밖으로 나온

손 길이 측정

- 눈 감고 외발서기: 눈을 감고 한쪽 무릎만 90도 각도로 뒤로 구부린 상태에서 손은 허리에 두고 시간을 측정함. 눈을 뜨거나 손이 허리에서 떨어지거나 다리를 짚거나 하면 측정이 종료됨. 균형감각 측정하기 위함
- 높이뛰기: 공중에 떠 있는 시간 측정
- 악력: 왼손, 오른손 기구를 꽉 쥐고 측정
- 윗몸 일으키기: 30초 동안 센서 구간을 왕복하여 개수를 셈

3. 수영 테스트

- 수영복으로 갈아입고 화장을 지운 상태로 대한항공 객실 훈련원 수영장에서 실시
- 배영을 제외한 영법(자유영, 평영, 접영)으로 25m를 35초 이내에 완영해야 함

서류전형

- 자격요건

- 전문학사 이상 학력소지자
- 전공은 제한 없음
- 국내 정기 TOEIC 성적(지원마감일 기준 2년 이내)을 소지한 자
  (어학 성적 우수자 전형 시 우대, TOEIC SPEAKING Level 5 이상 또는
  OPIc Intermediate Low 이상 취득자일 경우 영어 구술 테스트 면제)
- 기내 안전 및 서비스 업무에 적합한 신체조건을 갖춘 자
- 교정시력 1.0 이상 권장(라식이나 라섹 수술의 경우 3개월 이상 경과 권장)
- 남자의 경우 병역을 마쳤거나 면제된 자
- 학업성적이 우수하고 해외여행의 결격 사유가 없는 자

- 기타

- 전형 전 과정에서 증명사진을 제출하지 않음
- 영어 구술 성적표(TOEIC SPEAKING, GST 구술시험, OPIc)는 소지자
  에 한하여 기재하며 성적 우수자는 전형 시 우대함
- 외국어 성적의 경우 지원마감일 기준 2년 이내 국내 정기시험 성적
  만 인정

1차 실무자 면접

- **장소:** 아시아나항공 교육 훈련동
- **면접관:** 3명
- **지원자:** 8인 1조
- **면접시간:** 대략 10~15분

- 면접 시 참고사항

- 면접장에 들어가기 전 맨발로 까치발 들고 암리치(arm reach)를 측정하고 몸무게를 측정함
- 조별 인사연습을 하고 'ㄷ'자로 워킹하며 면접장에 입장함
- Standing으로 면접이 진행됨
- 공통질문과 이력서 중심의 개별질문 등이 끝난 후 팔을 앞으로 내밀어 흉터가 있는지 확인함

2차 임원 면접 / 영어 구술 테스트

- **장소:** 아시아나항공 교육훈련동
- **면접관:** 5명
- **지원자:** 8인 1조
- **면접시간:** 대략 15~20분

- 면접 시 참고사항

- 면접장에 들어가기 전 8인 1조씩 사진을 찍으러 이동함

- 4명씩 서서 사진촬영을 한 후 영어면접 진행을 위해 이동
- 영어면접은 입사 동기 및 기본 회화 위주로 진행됨
- 영어면접이 끝난 후 임원 면접을 보러 이동함
- 인사연습을 하고 'ㄷ'자로 워킹하면서 입장
- 의자에 앉아서 면접이 진행됨
- 공통질문과 이력서 중심으로 개별질문 진행됨
- 질문이 끝난 후 서서 왼쪽, 오른쪽 각각 서 있는 각도를 15도 틀어서 옆모습을 확인함

건강검진 / 체력측정 / 수영 테스트

1. 건강검진

- 혈액, 소변검사, 시력, 색맹, 키, 몸무게, 청력, 고막, 혈압, 심전도, 흉부, 척추 X-ray, 내과 검진(갑상선, 비염, 귀 체크) 등이 진행됨

2. 체력측정

- 악력 측정, 윗몸 일으키기(30초), 유연성, 근력 등을 기구를 통해 측정

3. 수영 테스트

- 수영복으로 갈아입고 수영장 소집
- 3명씩 실시하며 수심 1~2m에서 25m 레일을 완주해야 함

진에어 객실 승무원 채용 절차

서류전형 ▶ 1차 면접 ▶ 2차 면접 / 영어 구술 테스트 ▶ 건강진단 및 체력 테스트 ▶ 최종 합격

- 자격요건

• 해외여행에 결격사유가 없는 자

• 기 졸업자로 전 학년 성적평균 2.5 이상(4.5만점)인 자

• TOEIC 550점 또는 TOEIC SPEAKING Level 6 이상 또는 OPIc Level IM 이상 어학 성적 보유자

• 교정시력 1.0 이상인 자

• 남자의 경우 병역 필 또는 면제자

- 면접 시 참고사항

• 면접 복장은 셔츠와 청바지, 운동화임

• 영어면접 시 영어 기내방송도 읽게 함

• 수영 테스트는 없으며 건강검진 및 체력 테스트는 대한항공과 유사함

제주항공 객실 승무원 채용 절차

서류전형 ▶ 실무 면접 ▶ 임원 면접 및 체력검정 ▶ 신체검사 ▶ 최종 합격

- 자격요건

- 전문학사 이상의 학력을 가진 자(사이버대학 및 학점 은행제 학위 인정)
- 공인 어학 성적 기준(전체 지원자는 영어 필수, 중국어 및 일본어 특화 지원자는 해당 언어 공인 어학 성적 보유자에 한함)
- 영어: TOEIC 550점 또는 TOEIC SPEAKING Level 5(110점) 이상 중 한 개 이상의 기준에 해당하는 자
- 중국어: 신HSK 5급(180점) 또는 HSK 회화 중급 이상 혹은 이와 상응한 공인 중국어 점수를 보유한 자
- 일본어: JLPT N2급 또는 JPT 600점 이상 혹은 이와 상응한 공인 일본어 점수를 보유한 자
- 접수일 기준 취득 2년 이내의 공인 어학 점수에 한함(필수)
- 해외 체류자 혹은 이민자, 유학자의 경우에도 반드시 제출해야 함
- 신입의 경우 인턴(수습) 기간 2년 만료 시 정규직 전환평가 후 정규직 전환 시행

- 면접 시 참고사항

- FUN Service를 지향하는 만큼 많은 임원 면접에서 장기자랑을 할 시간을 주지만, 이것이 크게 당락에 중요한 잣대가 되지는 않음. 중국어 가능자는 어필할 필요가 있음

티웨이항공 객실 승무원 채용 절차

서류전형 ▶ 1차(이미지) 면접 ▶ 2차(임원) 면접 ▶ 수영 테스트 ▶ 3차 (최종) 면접 ▶ 신체검사 ▶ 최종 합격

- 자격요건

- 전공 무관
- 외국어 능력(중국어) 우수자 우대
- TOEIC 550점 이상인 자
- 신장 162cm 이상, 교정시력 1.0 이상인 자
- 휴대 가능한 악기 연주자 우대

- 면접 시 참고사항

- 1차 면접 시 암리치(arm reach)를 측정함
- 2개의 면접실이 있고 'ㄷ'자 워킹을 한 후 Standing으로 진행됨
- 공통질문으로 자기소개를 하고 기내 방송문(영어, 일본어, 중국어)을 읽어보도록 하는데, 이때에는 본인이 가능한 방송문을 읽으면 됨
- 1차 면접은 이미지를 중심적으로 체크함
- 2차 면접은 팀장, 임원 면접으로 진행됨. 장기자랑이 준비된 지원자는 장기자랑을 할 기회를 줌
- 3차 면접은 임원과 사장이 면접을 직접 봄. 면접시간이 다른 면접보다 길어 앉아서 면접이 이루어짐
- 모든 면접은 중국어 가능자와 비가능자로 조를 나누어 보게 됨

이스타항공 객실 승무원 채용 절차

서류전형 ▶ 1차 실무 면접 ▶ 2차 임원 면접 ▶ 건강검진 ▶ 최종 합격

- 자격요건

• 전문대 졸업 이상의 학력을 가진 자

• 신장 162cm 이상인 자

• 나안시력 0.2 이상, 교정시력 1.0 이상(라식 등 시력교정수술 후 3개월 경과자)인 자

• 영어, 일어, 중국어 능력우수자 (2개 국어 이상 가능자 우대)

• 해외여행에 결격사유가 없는 자

- 면접 시 참고사항

• 2차 면접 시 따로 마련된 면접실에서 1 대 1로 면접관이 지정해주는 기내 방송문을 읽게 됨

• 그 후 면접 대기 장소에서 대기하다가 면접장에 입장하여 면접을 진행함. 면접관은 사장 포함 5명

• 자기소개를 시작으로 개별 질문과 영어면접이 진행. 일본어와 중국어 가능자는 제2외국어 프리토킹 인터뷰를 같이 진행함

에어부산 객실 승무원 채용 절차

입사지원 ▶ 서류전형 ▶ 1차 면접 ▶ 체력측정 / 인·적성검사 ▶ 2차 면접 ▶ 건강검진 ▶ 최종 합격

- 자격요건

- 전문학사 이상 자격 소지자
- 전공 및 학점, 어학 여부 제한 없음(영어, 일본어, 중국어 성적 우수자는 전형 시 우대)
- 기내안전 및 서비스 업무에 적합한 신체조건을 갖춘 자
- 해외여행에 결격사유가 없고 남자의 경우 병역을 마쳤거나 면제된 자

- 면접 시 참고사항

- 면접 전형 전 과정은 부산에서 진행됨
- 전형 전 과정에서 증명사진을 제출하지 않음
- 서류 제출은 체력검사 / 인·적성 검사 합격자에 한하여 2차 면접 시에 제출. 귀가 시 되돌려 줌
- 객실 승무원으로 채용되면 부산지역에 거주해야 함. 연고지가 없더라도 부산으로 거주지를 옮겨야 함. 서울 지역에 산다고 해서 면접 점수를 낮게 주거나 서류전형에서 탈락시키지 않음
- 머리는 쪽 머리가 아닌 포니테일도 가능함
- 정해진 이미지보다는 다양한 개인의 개성은 중시하고 존중함
- 1차 면접 시에는 공통질문과 이력서를 중심으로 개별 질문을 하고,

한국어 면접이 끝난 후 영어 기내 방송문을 읽게 하나 간혹 생략되는 경우도 있음. 영어 기사를 3~4줄 읽게 함

- 임원 면접장에 들어가기 전 신분증과 서류를 제출하고 사진 촬영함
- 수영 테스트는 2차 면접(임원 면접) 합격자 대상으로 건강검진 시 실시하고 있으며, 수심 2m에서 25m 길이의 레일을 자유형으로만 완주해야 함

면접 시크릿

1판 1쇄 인쇄 2016년 2월 1일
1판 1쇄 발행 2016년 2월 12일

지은이 김모란

발행인 양원석
편집장 김순미
책임편집 유정윤
디자인 RHK 디자인연구소 마가림, 김미선
해외저작권 황지현
제작 문태일
영업마케팅 이영인, 양근모, 정우연, 이주형, 김민수, 장현기, 정미진, 이선미

펴낸 곳 ㈜알에이치코리아
주소 서울시 금천구 가산디지털2로 53, 20층 (가산동, 한라시그마밸리)
편집문의 02-6443-8916   **구입문의** 02-6443-8838
홈페이지 http://rhk.co.kr
등록 2004년 1월 15일 제2-3726호

ISBN 978-89-255-5798-4 (13320)